# 普通话
# 与教师口语训练

苗春华 孙 琪 高廉平 ◎ 主编

**PUTONGHUA**
YU JIAOSHI KOUYU XUNLIAN

西南大学出版社

图书在版编目(CIP)数据

普通话与教师口语训练/苗春华,孙琪,高廉平主编. -- 重庆:西南大学出版社,2023.8(2024.6重印)
ISBN 978-7-5697-1901-7

Ⅰ.①普… Ⅱ.①苗…②孙…③高… Ⅲ.①普通话—口语—教材②教师—口语—教材 Ⅳ.①H102②H193.2

中国国家版本馆CIP数据核字(2023)第124510号

## 普通话与教师口语训练
PUTONGHUA YU JIAOSHI KOUYU XUNLIAN

苗春华　孙　琪　高廉平　主编

责任编辑：张燕妮
责任校对：钟小族
装帧设计：尹　恒
排　　版：吕书田
出版发行：西南大学出版社(原西南师范大学出版社)
　　　　　地址:重庆市北碚区天生路2号
　　　　　邮编:400715
经　　销：全国新华书店
印　　刷：重庆正文印务有限公司
幅面尺寸：170 mm×240 mm
印　　张：13.75
字　　数：260千字
版　　次：2023年8月　第1版
印　　次：2024年6月　第2次印刷
书　　号：ISBN 978-7-5697-1901-7
定　　价：49.00元

本书如有印装质量问题,请与我社市场营销部联系更换。
市场营销部电话:(023)68868624　68367498

## 上编　普通话及训练

### 第一章　普通话语音基础知识　03
- 第一节　语音的性质　03
- 第二节　语音的基本概念　06
- 第三节　汉语拼音方案　08

### 第二章　普通话声母　12
- 第一节　普通话声母的发音　12
- 第二节　方言与普通话声母的差异　18
- 第三节　普通话的声母训练　22

### 第三章　普通话韵母　37
- 第一节　普通话韵母的发音　37
- 第二节　方言与普通话韵母的差异　45
- 第三节　普通话韵母训练　48

### 第四章　普通话声调　64
- 第一节　普通话声调的调值和调类　64
- 第二节　方言与普通话声调的差异　67
- 第三节　普通话声调训练　69

第五章　普通话的音变　　　　　　　　　　73
　　第一节　几种常见的普通话音变　　　　73
　　第二节　普通话音变训练　　　　　　　80

第六章　普通话水平测试及训练　　　　　　95
　　第一节　普通话水平测试概述　　　　　95
　　第二节　普通话水平测试对朗读的要求　101
　　第三节　普通话水平测试对说话的要求　107
　　第四节　普通话水平模拟测试训练　　　112

# 下编　教师口语及训练

第一章　发音技能训练　　　　　　　　　　121
　　第一节　气息控制　　　　　　　　　　121
　　第二节　声带控制　　　　　　　　　　123
　　第三节　共鸣控制　　　　　　　　　　125
　　第四节　吐字归音　　　　　　　　　　126
　　第五节　发音技能训练　　　　　　　　129

第二章　朗诵技能训练　　　　　　　　　　141
　　第一节　朗诵概述　　　　　　　　　　141
　　第二节　朗诵的技巧　　　　　　　　　143
　　第三节　朗诵技能训练　　　　　　　　149

## 第三章　演讲技能训练　　158
### 第一节　演讲概述　　158
### 第二节　演讲的类型与特点　　160
### 第三节　演讲的基本要求　　163
### 第四节　演讲技能训练　　166

## 第四章　辩论训练　　174
### 第一节　辩论概述　　174
### 第二节　辩论的类型与特点　　177
### 第三节　辩论的要求　　179
### 第四节　辩论训练　　181

## 第五章　教学口语表达训练　　191
### 第一节　教学口语表达概述　　191
### 第二节　教学口语的类型与特点　　193
### 第三节　教学口语表达的要求　　197
### 第四节　教学口语表达训练　　200

## 上编
# 普通话及训练

# 第一章　普通话语音基础知识

**【章目要览】**

语音具有物理性质、生理性质和社会性质。音素、音节、元音、辅音、声母、韵母、声调是语音学中的重要概念。汉语拼音是学习普通话的重要工具。

**【相关知识】**

本章涉及语音学、生理学以及汉语拼音的相关知识。

**【重点提示】**

语音的性质；汉语拼音方案。

## 第一节　语音的性质

语音是人类通过发音器官发出来的、具有一定意义的、以进行社会交际为目的的声音。语音具有物理性质、生理性质和社会性质。

### 一、语音的物理性质

语音同自然界其他声音一样,具有音高、音强、音长、音色四种物理基本属性,也称为语音四要素。

音高:声音的高低,由发音体振动的快慢决定。在一定时间里,振动快则声音高,振动慢则声音低。语音的高低与声带的长短、厚薄、松紧有关。一般情况下,老人、男性的声带厚而长,振动次数少,故声音低沉。儿童、女性声音相对高一些。在普通话里,音高(相对音高)决定声调,具有区别意义的作用。

音强:声音的强弱,由声波振幅的大小决定。发音体振动的幅度称为振幅。振幅大,声音就强;反之则弱。语音的强弱与发音时用力的大小成正比。音强在语言中表现为轻重音,在汉语中具有一定区别意义的作用。

音长:声音的长短,由发音体振动时间的长短决定,与声带振动时间的长短成正比。在普通话中,音长不区别意义,但在广州话里长短元音有区别意义的作用。如广州话"蓝"[lɑːm¹¹]和"林"[lam¹¹]。

音色:声音的特色,又叫音质,由声波振动的形式来决定。具体而言,音色的不同与发音体、发音方法和发音时共鸣腔的形状三个条件有关。

1.发音体不同。小提琴和口琴的声音很容易分辨出不同,是因为发音体不同,一个是琴弦,一个是簧片。不同的人说同样的话,我们也可以辨别出不同,这是由于人的发音体——声带不同。

2.发音方法不同。同一把小提琴,用弓拉和用指弹,音色不一样。语音中塞音p和擦音s的音色不同,是由于两者发音方法不同:前者用爆破方法发音,后者用摩擦方法发音。

3.发音时共鸣腔的形状不同。语音共鸣腔主要是指口腔与鼻腔。在普通话里,i与o的音色不同,是由于嘴唇的圆展、舌位的前后和高低所形成的口腔共鸣腔的形状不同。又如n与l的音色差异也在于共鸣腔的不同,前者是用鼻腔共鸣,后者用口腔共鸣。

任何声音都是音高、音强、音长、音色的统一体,语音也不例外。但语音的这四个要素在不同的语言和方言中所起的作用并不完全等同。在任何语言中,音色都是最重要的区别意义的要素,除此以外,在普通话里音高决定声调;音强和音长可以表示轻重音和不同的语调。故学习普通话时,应注意把握好发音方法、共鸣腔的形状、音高、音强和音长等要素。

## 二、语音的生理性质

语音是由人的发音器官发出来的,这是语音与自然界其他声音的主要区别之一。发音器官是语音发音的生理基础和物质前提,发音器官及其活动决定语音的区别。从生理角度了解语音的发音机制,可以使我们更准确地进行发音。

1.肺和气管。发音的原动力是呼吸时肺所产生的气流,肺部呼出的气流经过支气管、气管到达喉头,再经过声带、咽头、口腔、鼻腔等部位的活动和调节,发出不同的声音。

2.喉头和声带。喉头上通咽喉,下接气管,由环状软骨、甲状软骨和两块杓状软骨组成,呈空腔圆筒形。声带是重要的发音体,是一对富有弹性的薄膜,一端并合附着在甲状软骨上,另一端分别附着在两块杓状软骨上。两片声带之间的空隙叫声门。呼吸时,声门敞开,气流自由通过;说话时,声门经常处于闭合状态,呼出的气流被阻断,形成压力,冲开声带,不断颤动,产生声音。

3.口腔和鼻腔。由声带颤动而产生的声带音需通过共振腔才能传到人的耳朵里,口腔和鼻腔是最重要的两个共鸣腔。通过舌、唇、软腭、小舌等的活动,可以改变口腔和鼻腔共鸣腔的形状,发出不同的声音。如软腭和小舌上升,挡住鼻腔通路,呼吸的气流只能从口腔出来,这时发出的音是口音;若软腭和小舌下垂,口腔通路受阻,气流只能从鼻腔出来,这时发出的音是鼻音。

掌握发音器官的位置对于学习普通话有重要意义。发音器官如图1-1-1所示:

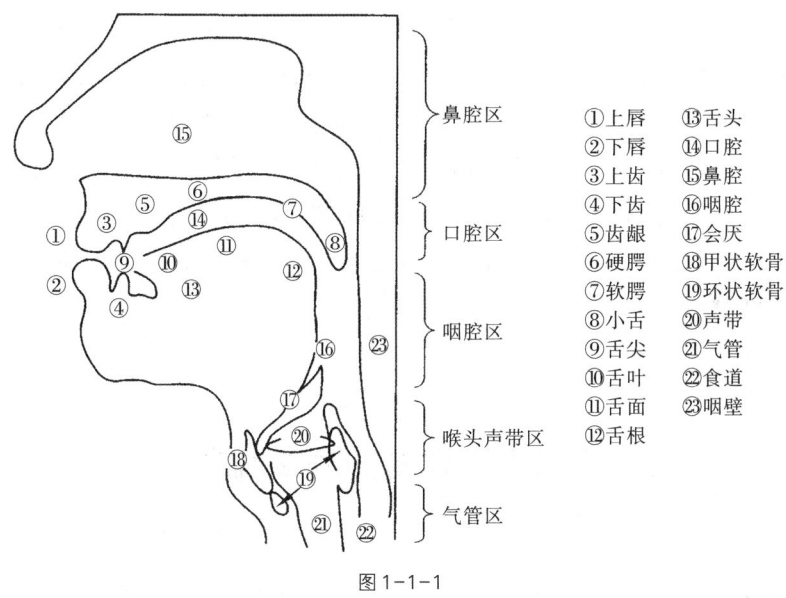

图1-1-1

## 三、语音的社会性质

语音不同于其他声音,在于它能表达一定意义。就其构成来看,语音是一种物理现象;就其功能来看,语音是一种社会现象。

语音的社会性质主要表现在两方面。第一,什么样的声音表达什么样的意义,是由使用该语言的社会全体成员约定俗成的。语言是人们用来交流思想、传递信息的交际工具,语音是这个工具的物质载体,任何语音都表达一定的意义,同一意义保持着相对稳定的联系。但什么音与什么意义结合,构成语言符号来代表一个对象,这种功能是社会赋予的,是社会的交际需要使人发出的声音成为意义的载体,也是社会习惯使特定的音同特定的意义相结合。比如普通话中用"ɑi"表示"爱""艾""碍"等意义,英语却用近似的音表示"我"的意义。

第二,不同的语言或方言拥有各自独立的语音系统,具有相同自然属性的音素,在不同的语言或不同的方言里,可能有着不同的作用。如果研究某一种语言,我们就会发现,人们在言语中发出来的音多种多样,这多种多样的音就其功能而言,或者从在言语中的作用来讲,有的区别是重要的、是要辨别意义的,有的区别则是不重要的、是不辨别意义的。语言社会能够把必须辨别意义的声音都辨别出来,不管它多么细微;而对那些不区别意义的声音可忽略不计。从一个最小的语音单位——音素来看,它在不同的语言里有不同的功能。比如说,bà(爸)与pà(怕)的区别在于双唇塞辅音的送气与不送气,这在普通话里是要区别词的语音形式进而区别意义的,但它在其他的语言里就不一定了。比如英语sport中的[p]念成送气不送气关系都不大,至少不会影响对意义的理解。英语有的元音的长短能区别意义,部分辅音的清浊能区别意义,而在普通话里则一般没有这样的作用。之所以会出现这些现象,还是应该从语音的社会属性上加以解释,语音的这种功能和作用也是社会赋予的。

## 第二节　语音的基本概念

### 一、音素和音节

音素:从音色角度划分出的最小的语音单位,是从物理和生理角度上的区分,音色不同即分为不同的音素。例如,普通话的"jiě(姐)"从音色的角度可以划分出j、i、e三个音素。

音节:语音的基本结构单位,是听觉上能自然感觉到并易于分辨的语音片段。一般而言,一个汉字表示一个音节。音节可以是单个的音素,也可以由几个音素组合而成。如"wǔ(五)""é(娥)"等由一个音素构成,"liǔ(柳)""chuáng(床)"等由多个音素构成。

## 二、音位

音位:指在一种语言或方言的语音系统中能够区别意义的最小语音单位,是按语音的辨义作用(即社会属性)归纳出的音类。音位包含着若干音位变体。如[ɑ]、[A]、[a]三个不同的音素,在普通话里不具有区别意义的作用,故属于同一个音位,在汉语拼音中也用同一个字母a表示。

## 三、元音和辅音

根据发音特点的不同,音素可以分为元音和辅音两类。

元音:气流振动声带,并且气流通过口腔和咽喉时不受阻碍而形成的音叫元音,如o、u、e等。元音发音时发音器官保持均衡紧张。

辅音:气流在口腔或咽喉受到阻碍而形成的音叫辅音,如f、t、k等。辅音发音时,形成阻碍的发音部分特别紧张,并且辅音气流一般比元音强。

## 四、声母、韵母和声调

传统的汉语语音分析方法是把音节分为声母、韵母和声调三个部分。

声母:音节中元音前面的部分是声母,大多数音节的声母即是音节开头的辅音。但有些音节开头没有辅音,这样的音节是零声母音节,如"ēn(恩)"。普通话22个辅音音素中,除了ng只构成韵母不充当声母,n既可作声母又可构成韵母以外,其余的辅音音素都只作声母。

韵母:音节中声母后面的部分即是韵母。普通话的韵母可以由单个元音构成,也可以由多个元音构成,还可以由元音加鼻音韵尾构成。

由此可见,声母与辅音、韵母与元音并非等同的概念。声母和韵母是根据所处位置划分的,辅音和元音是根据音色特点划分的。辅音的范围大于声母,韵母的范围大于元音。

声调:音节中具有区别意义作用的音高变化。声调是组成音节不可缺少的部分。

## 第三节　汉语拼音方案

### 一、汉语拼音方案概说

1958年我国颁布并开始实施的《汉语拼音方案》，是标记普通话语音系统的一套记音符号，是在总结前人各种记音方法经验的基础上颁布的。《汉语拼音方案》采用了国际通行的拉丁字母，并充分考虑科学性和实用性，做到了既切合汉语特点又符合国际惯例。

汉语拼音方案有多种用途：给汉字注音，用于推广普通话，帮助外国人和少数民族学习汉语，编制索引和代号，帮助我国少数民族创制和改革文字等。学习普通话，首先要掌握和利用好汉语拼音方案。

### 二、汉语拼音方案的构成

汉语拼音方案由五个部分组成。

#### （一）字母表

| 字母 | Aa | Bb | Cc | Dd | Ee | Ff | Gg |
|---|---|---|---|---|---|---|---|
| 名称 | ㄚ | ㄅㄝ | ㄘㄝ | ㄉㄝ | ㄜ | ㄝㄈ | ㄍㄝ |
| | Hh | Ii | Jj | Kk | Ll | Mm | Nn |
| | ㄏㄚ | ㄧ | ㄐㄧㄝ | ㄎㄝ | ㄝㄌ | ㄝㄇ | ㄋㄝ |
| | Oo | Pp | Qq | Rr | Ss | Tt | |
| | ㄛ | ㄆㄝ | ㄑㄧㄡ | ㄚㄦ | ㄝㄙ | ㄊㄝ | |
| | Uu | Vv | Ww | Xx | Yy | Zz | |
| | ㄨ | ㄪㄝ | ㄨㄚ | ㄒㄧ | ㄧㄚ | ㄗㄝ | |

V只用来拼写外来语、少数民族语言和方言。
字母的手写体依照拉丁字母的一般书写习惯。

## (二)声母表

| b ㄅ玻 | p ㄆ坡 | m ㄇ摸 | f ㄈ佛 | d ㄉ得 | t ㄊ特 | n ㄋ讷 | l ㄌ勒 |

| g ㄍ哥 | k ㄎ科 | h ㄏ喝 | j ㄐ基 | q ㄑ欺 | x ㄒ希 |

| zh ㄓ知 | ch ㄔ蚩 | sh ㄕ诗 | r ㄖ日 | z ㄗ资 | c ㄘ雌 | s ㄙ思 |

在给汉字注音的时候,为了使拼式简短,zh、ch、sh可以省作ẑ、ĉ、ŝ。

## (三)韵母表

|  | i<br>ㄧ 衣 | u<br>ㄨ 乌 | ü<br>ㄩ 迂 |
|---|---|---|---|
| a<br>ㄚ 啊 | ia<br>ㄧㄚ 呀 | ua<br>ㄨㄚ 蛙 |  |
| o<br>ㄛ 喔 |  | uo<br>ㄨㄛ 窝 |  |
| e<br>ㄜ 鹅 | ie<br>ㄧㄝ 耶 |  | üe<br>ㄩㄝ 约 |
| ai<br>ㄞ 哀 |  | uai<br>ㄨㄞ 歪 |  |
| ei<br>ㄟ 欸 |  | uei<br>ㄨㄟ 威 |  |
| ao<br>ㄠ 熬 | iao<br>ㄧㄠ 腰 |  |  |
| ou<br>ㄡ 欧 | iou<br>ㄧㄡ 忧 |  |  |
| an<br>ㄢ 安 | ian<br>ㄧㄢ 烟 | uan<br>ㄨㄢ 弯 | üan<br>ㄩㄢ 冤 |

续表

| en ㄣ 恩 | in ㄧㄣ 因 | uen ㄨㄣ 温 | ün ㄩㄣ 晕 |
|---|---|---|---|
| ang ㄤ 昂 | iang ㄧㄤ 央 | uang ㄨㄤ 汪 | |
| eng ㄥ 亨的韵母 | ing ㄧㄥ 英 | ueng ㄨㄥ 翁 | |
| ong （ㄨㄥ） 轰的韵母 | iong ㄩㄥ 雍 | | |

（1）"知、蚩、诗、日、资、雌、思"等七个音节的韵母用i,即:知、蚩、诗、日、资、雌、思等字拼作 zhi,chi,shi,ri,zi,ci,si。

（2）韵母儿写成er,用作韵尾的时候写成r。例如:"儿童"拼作ertong,"花儿"拼作huar。

（3）韵母ㄝ单用的时候写成ê。

（4）i行的韵母,前面没有声母的时候,写成yi(衣),ya(呀),ye(耶),yao(腰),you(忧),yan(烟),yin(因),yang(央),ying(英),youg(雍)。

u行的韵母,前面没有声母的时候,写成wu(乌),wa(蛙),wo(窝),wai(歪),wei(威),wan(弯),wen(温),wang(汪),weng(翁)。

ü行的韵母,前面没有声母的时候,写成yu(迂),yue(约),yuan(冤),yun(晕);ü上两点省略。

ü行的韵母跟声母j,q,x拼的时候,写成ju(居),qu(区),xu(虚),ü上两点也省略;但是跟声母n,l拼的时候,仍然写成nü(女),lü(吕)。

（5）iou,uei,uen前面加声母的时候,写成iu,ui,un,例如niu(牛),gui(归),lun(论)。

（6）在给汉字注音的时候,为了使拼式简短,ng可以省作ŋ。

### （四）声调符号

阴平　阳平　上声　去声
　ˉ　　ˊ　　ˇ　　ˋ

声调符号标在音节的主要母音上。轻声不标。例如：

妈 mā　　麻 má　　马 mǎ　　骂 mà　　吗 ma
（阴平）　（阳平）　（上声）　（去声）　（轻声）

### （五）隔音符号

a,o,e开头的音节连接在其他音节后面的时候,如果音节的界限发生混淆,用隔音符号(')隔开,例如:pi'ao(皮袄)。

## 思考与练习

1. 填空题

(1)普通话以(　　)为标准音,以(　　)为基础方言,以(　　)为语法规范。

(2)语音具有(　　)(　　)(　　)三种属性,其中(　　)是语音的本质属性。

(3)汉语拼音方案由(　　)(　　)(　　)(　　)(　　)五个部分组成。

(4)"zhè"音节中的"e",从音素的性质看属于(　　),从音节构成的性质看属于(　　)。

(5)人的发音器官包括(　　)(　　)(　　)。

2. 找出下列音节中的元音和辅音、声母和韵母。

xué　qíng　xuán　zhuàng　ò　chuán

3. 思考题

(1)什么是语音?语音有何属性?

(2)语音的社会属性体现在哪些方面?

(3)语音有哪四要素?在普通话中如何表现?

(4)联系实际谈谈汉语拼音方案的用途。

(5)什么是音素、音节、音位?

(6)在"bào"这个音节里,声母由辅音构成,韵母由元音构成,我们能由此得出结论声母等于辅音,韵母等于元音吗?为什么?

## 拓展延伸

[1] 黄伯荣,廖序东. 现代汉语[M]. 增订6版. 北京:高等教育出版社,2017.

[2] 胡裕树. 现代汉语(重订本)[M]. 上海:上海教育出版社,2019.

[3] 林焘,王理嘉. 语音学教程[M]. 2版. 王韫佳,王理嘉,增订. 北京:北京大学出版社,2013.

[4] 王理嘉. 音系学基础[M]. 北京:语文出版社,1991.

[5] 翟时雨. 汉语方言学[M]. 重庆:西南师范大学出版社,2003.

[6] 李如龙. 汉语方言学[M]. 2版. 北京:高等教育出版社,2007.

# 第二章　普通话声母

**【章目要览】**

普通话有21个辅音声母。辅音取决于发音部位和发音方法。方言与普通话声母存在明显差异,有的方言把zh、ch、sh、r读成舌尖前音z、c、s、[z],有的方言n和l不分,有的方言f和h相混,普通话的零声母在不同的方言中也可能读成不同的辅音声母。

**【相关知识】**

本章涉及发音学以及方言学的相关知识。

**【重点提示】**

辅音、发音部位、发音方法;方言与普通话声母的差异。

## 第一节　普通话声母的发音

普通话有21个辅音声母。造成这些声母差异的原因是发音部位和发音方法的不同。要发好声母必须要能控制发音部位和掌握发音方法。

### 一、声母的发音部位

声母是口腔各部位阻碍气流而产生的。我们把阻碍气流的口腔部位叫发音部位,它们可以分成两个部分:可动部分,包括上下唇、舌、软腭、小舌;不可动部分,包括上齿、齿龈、硬腭(发音器官示意图见图1-1-1)。口腔不能单靠一个部位阻碍气流,往往需要两两组合,最常见的是一个可动的部位和一个不可动的部位的组合,如:舌尖前音(舌尖和上齿背)、舌根音(舌面后部和软腭)。当然也有两个都是可动部位的,那就是双唇音(上唇、下唇)。普通话声母按发音部位区分,可分为如下七类:

1.双唇音(上唇、下唇阻碍气流):b、p、m。
2.唇齿音(上齿、下唇阻碍气流):f。
3.舌尖前音(舌尖与上齿背阻碍气流):z、c、s。
4.舌尖中音(舌尖与上齿龈阻碍气流):d、t、n、l。
5.舌尖后音(舌尖与硬腭阻碍气流):zh、ch、sh、r。
6.舌面前音(舌面前部与硬腭阻碍气流):j、q、x。
7.舌根音(舌根与软腭阻碍气流):g、k、h。

在这些组合中,我们能控制的是可动部位。因此,无论是练习也好,教学也好,掌握好可动部位怎样与不可动部位形成阻碍,以及可动部位与不可动部位的具体部位形成阻碍是声母发音和教学的关键。

## 二、声母的发音方法

声母的发音方法体现在三个方面:发音部位阻碍气流的方式、声带是否颤动、气流强弱。整个声母的发音过程可分为:成阻阶段(发音部位形成阻碍的阶段)、持阻阶段(保持阻碍的阶段)、除阻阶段(解除阻碍的阶段)。

### (一)发音部位阻碍气流的方式可分为五种

1.塞音:发音时,发音部位闭塞,气流冲破闭塞成音。塞音是在除阻阶段开始发音的,所以在成阻或持阻阶段一定要控制好自己的发音部位,不能提前发音。普通话的塞音有:b、d、g、k、p、t。

2.擦音:发音时,发音部位不完全闭塞,留出一条窄缝,气流从窄缝中挤出,摩擦成声。擦音的发音与气流到达发音部位同步,因此擦音的发音是从持阻阶段开始的。发擦音的时候要注意不能闭塞发音部位。普通话的擦音有:f、h、x、sh、r、s。

3.塞擦音:实际是"塞音"和"擦音"两种发音方法的结合,"塞音"的成阻阶段与"擦音"的除阻阶段相结合。因此,它的发音过程是:发音部位先闭塞,然后让气流送出窄缝,气流摩擦成声。普通话的塞擦音有:j、q、zh、ch、z、c。

4.鼻音:口腔闭塞,软腭下降,鼻腔开启。气流振动声带,进入口腔的气流由于受阻,而转上通过鼻腔发音。我们通过调节口腔的形状来发出不同鼻音。普通话的鼻音有:m、n、ng(ng不做声母)。

5.边音:发音时,鼻腔闭塞,舌尖接触上齿龈,舌的两边留出气流通道以改变共鸣腔的形状。声带振动,气流从舌两边通过。发边音的时候一定要闭紧鼻腔。普通话的边音有:l。

### (二)根据声带是否颤动,可以把声母分成两类

1.清声母(声带不颤动):b、p、f、d、t、g、k、h、j、q、x、zh、ch、sh、z、c、s。
2.浊声母(声带颤动):m、n、l、r。

### (三)根据气流强弱,可以把塞音、塞擦音分成两类

塞音、塞擦音发音时,口腔呼出的气流比较强的叫送气音;口腔呼出的气流比较弱的叫不送气音。根据送气与否,我们可以把塞音、塞擦音声母分成两类:

1.送气音:p、t、k、q、ch、c。
2.不送气音:b、d、g、j、zh、z。

## 三、普通话21个声母的发音

b:双唇、不送气、清、塞音(是双唇音、不送气音、清音、塞音的简称。以下类推)。双唇闭合,软腭上升,闭塞鼻腔,气流在唇边蓄气,这股气突然冲破阻碍发音(见图1-2-1,16页,下同)。

p:双唇、送气、清、塞音。双唇闭合,软腭上升,闭塞鼻腔,气流在唇边蓄气,然后用一股较强气流突然冲破阻碍发音(见图1-2-1)。

m:双唇、浊、鼻音。双唇闭合,软腭下垂,开启鼻腔通道,声带振动,气流通过鼻腔而发音(见图1-2-1)。

f:唇齿、清、擦音。上齿接近下唇,形成窄缝,软腭上升,闭塞鼻腔,气流从窄缝中挤出,摩擦成声(见图1-2-2)。

z:舌尖前、不送气、清、塞擦音。舌尖抵住上齿背形成阻碍,软腭上升,闭塞鼻腔,气流在舌尖和上齿接合处蓄气,然后突然松开舌尖,在舌尖和上齿背之间留出一条窄缝,气流摩擦成声(见图1-2-3)。

c:舌尖前、送气、清、塞擦音。舌尖抵住上齿背形成阻碍,气流在舌尖和上齿接合处蓄气,软腭上升,闭塞鼻腔,然后突然松开舌尖,在舌尖和上齿背之间留出一条窄缝,送出一股强气流,摩擦成声(见图1-2-3)。

s:舌尖前、清、擦音。舌尖接近上齿背,在两者之间留出一条窄缝,软腭上升,

闭塞鼻腔,气流从窄缝中通过摩擦成声(见图1-2-4)。

d:舌尖中、不送气、清、塞音。舌尖抵住上齿龈形成阻碍,软腭上升,闭塞鼻腔,气流在舌尖和上齿龈接合处蓄气,这股气流突然冲破阻碍发音(见图1-2-5)。

t:舌尖中、送气、清、塞音。舌尖抵住上齿龈形成阻碍,软腭上升,闭塞鼻腔,气流在舌尖和上齿龈接合处蓄气,送出一股较强气流突然冲破阻碍发音(见图1-2-5)。

n:舌尖中、浊、鼻音。舌尖抵住上齿龈形成阻碍,软腭下垂,开启鼻腔通道,声带振动,气流通过鼻腔而发音(见图1-2-5)。

l:舌尖中、浊、边音。舌尖抵住上齿龈偏后部位形成阻碍,在舌头的两边留出气流通道,软腭上升,闭塞鼻腔,声带振动,气流在舌头的两边通过而发音(见图1-2-6)。

zh:舌尖后、不送气、清、塞擦音。舌头的前端向上翘,抵住硬腭的前端形成阻碍,软腭上升,闭塞鼻腔,气流在舌头前端和硬腭前端的接合处蓄气,然后突然松开舌头前端,在舌头前端和硬腭之间留出一条窄缝,气流摩擦成声(见图1-2-7)。

ch:舌尖后、送气、清、塞擦音。舌头的前端向上翘,抵住硬腭的前端形成阻碍,软腭上升,闭塞鼻腔,气流在舌头前端和硬腭前端的接合处蓄气,然后突然松开舌头前端,在舌头前端和硬腭之间留出一条窄缝,送出一股较强气流摩擦成声(见图1-2-7)。

sh:舌尖后、清、擦音。舌头的前端向上翘接近硬腭的前端,在舌头前端和硬腭之间留出一条窄缝,软腭上升,闭塞鼻腔,气流从舌头前端和硬腭之间通过,气流摩擦成声(见图1-2-8)。

r:舌尖后、浊、擦音。舌头的前端向上翘接近硬腭的前端,在舌头前端和硬腭之间留出一条窄缝,软腭上升,闭塞鼻腔,声带振动,气流从舌头前端和硬腭之间通过,摩擦成声(见图1-2-8)。

j:舌面前、不送气、清、塞擦音。舌面的前部贴住硬腭的前部形成阻碍,软腭上升,闭塞鼻腔,气流在舌面前部和硬腭前部的接合处蓄气,然后突然松开舌头,在舌面前部和硬腭之间留出一条窄缝,气流摩擦成声(见图1-2-9)。

q:舌面前、送气、清、塞擦音。舌面的前部贴紧硬腭的前部形成阻碍,软腭上升,闭塞鼻腔,气流在舌面前部和硬腭前部的接合处蓄气,然后突然松开舌头,在舌面前部和硬腭之间留出一条窄缝,送出较强气流摩擦成声(见图1-2-9)。

x:舌面前、送气、清、擦音。舌面的前部接近硬腭的前部形成一条窄缝,软腭上升,闭塞鼻腔,气流从舌面的前部和硬腭的前部之间通过,摩擦成声(见图1-2-10)。

g:舌根、不送气、清、塞音。舌根抵住软腭形成阻碍,软腭上升,闭塞鼻腔,气流在舌根和软腭的接合处蓄气,突然冲破阻碍发音(见图1-2-11)。

k:舌根、送气、清、塞音。舌根抵住软腭形成阻碍,软腭上升,闭塞鼻腔,气流在舌根和软腭的接合处蓄气,送出较强气流,突然冲破阻碍发音(见图1-2-11)。

h:舌根、清、擦音。舌根接近软腭,在舌根和软腭之间形成一条窄缝,软腭上升,闭塞鼻腔,气流从窄缝间经过,摩擦发音(见图1-2-12)。

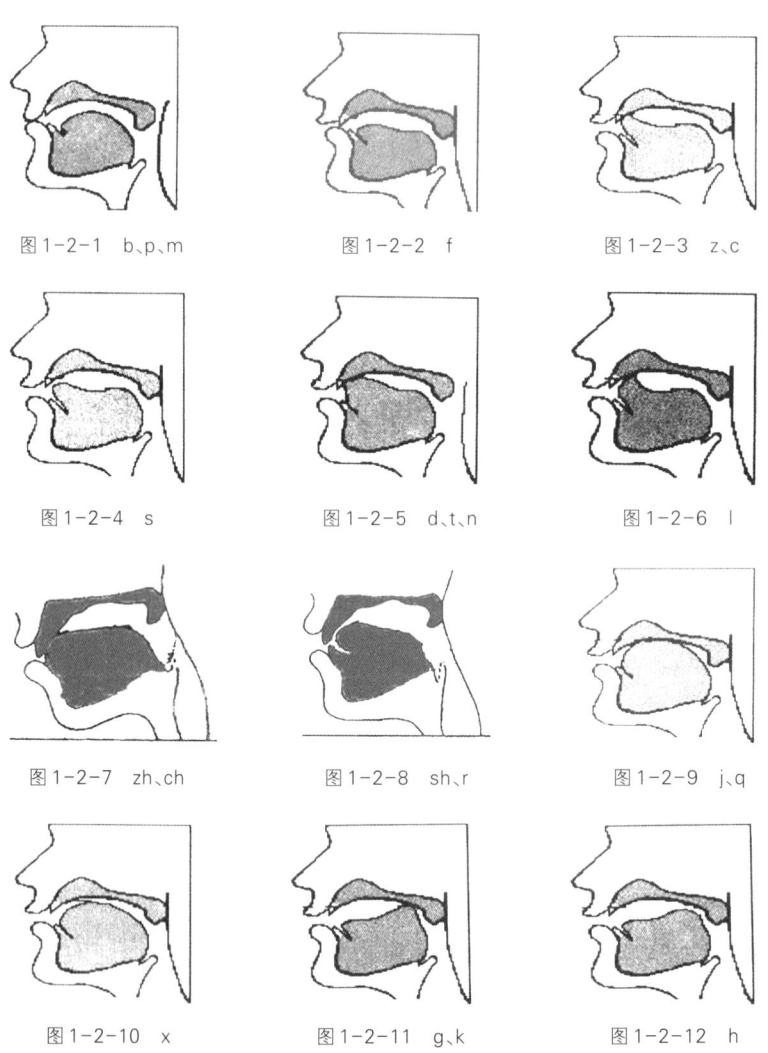

图1-2-1 b、p、m　　图1-2-2 f　　图1-2-3 z、c

图1-2-4 s　　图1-2-5 d、t、n　　图1-2-6 l

图1-2-7 zh、ch　　图1-2-8 sh、r　　图1-2-9 j、q

图1-2-10 x　　图1-2-11 g、k　　图1-2-12 h

声母发音时应注意的问题：

1. 发 b、p、f、d、t、z、c、s、zh、ch、sh、g、k、h 等清声母时，声带不能颤动。

2. 发 z、c、s 时，容易把它们发成齿间音 [tθ]、[tθʰ]、[θ]，普通话中没有这组音。这两组音的区别是：z、c、s 的发音部位是舌尖和上齿背，而 [tθ]、[tθʰ]、[θ] 的发音部位是舌尖和上、下齿。发前面这组音的时候，看不见舌尖（舌尖藏于上齿背后），而在发第二组音的时候，能看见舌尖。

3. 发 zh、ch、sh、r 时，舌头的前端与硬腭的前部接合点在人中穴的内切线与硬腭前部交会的齿龈隆骨上。要注意这组音发音的翘舌度（翘舌度：舌头前端接触硬腭的位置）。要把握好阻碍部位接合点的位置。如果接合点在上齿龈附近，那么，发出的音就介于 z、c、s 和 zh、ch、sh 之间，这种现象叫翘舌不到位或翘舌度不够；如果接合点在人中穴的内切线与硬腭前部分交会处之后，那么，发出的 zh、ch、sh 通常带有 er 的味道，这种现象叫翘舌过度。

4. 发 l 容易出现两个问题。第一，发成鼻音 n。这两个音主要的区别是一个是口腔共鸣，一个是鼻腔共鸣。可以用"捏鼻法"来测试自己发的音是 l，还是 n。如果捏着鼻子能发音或发音很轻松的是边音，不能发音或发音很困难的是鼻音。第二，发音时带上鼻化音，读成 $[\tilde{l}]$。这主要是由于软腭封闭鼻腔不紧，导致口腔和鼻腔同时发音。所以，对于发 l 来说，把气流集中到口腔中也很重要。

5. 发 n 容易出现的问题有两个。第一，把 n 读成 l，这是语音错误。第二，读成鼻化音或带有边音色彩，主要是因为口腔闭合不严，导致口腔和鼻腔同时发音，这是语音缺陷。

6. 发 j、q、x 时容易出现的问题有两个。第一，把这组音读成 z、c、s，通常把这种现象叫作有"尖音"（在普通话中，z、c、s 不与 i、ü 相拼，也就是没有尖音）。这主要是由于发音部位没掌握好造成的。z、c、s 的可动部位是舌尖，不可动部位是上齿背；而 j、q、x 的可动部位是舌面前部，不可动部位是硬腭。这种情况算作语音错误。第二，j、q、x 带有 z、c、s 的音。这个问题主要出在可动部位上。在形成阻碍时，用上了舌尖，这是语音缺陷。

# 第二节　方言与普通话声母的差异

## 一、关于有无 zh、ch、sh

这组音是各方言区的人学习普通话的难点,也是普通话测试的重点之一。在全国各地的方言中,有的地方有这组音,有的地方没有。在有 zh、ch、sh 的方言中,其分布也与其在普通话中的分布不一致;在没有 zh、ch、sh 的方言中,与其相对应的声母更是五花八门。方言区的人应找准对应,进行有针对性的练习和教学。

方言中的 z、c、s 对应普通话中的 zh、ch、sh 是一个极普遍的现象。通常我们把 z、c、s 叫作平舌音,把 zh、ch、sh 叫作翘舌音。当这两组声母在方言中的分布与普通话不一致时,叫作平翘不分。各地方言中平翘不分的情况有两种:

一是部分不分。所谓部分不分指该方言中有翘舌音,但其分布与普通话中的 zh、ch、sh 的分布并不一致(往往比普通话中的 zh、ch、sh 分布更窄)。如东三省的人把"知识"(zhī shi)[1]读成"滋寺"(zi si),把"桌子"(zhuō zi)读成"嘬质"(zuo zhi)。这种情况在各大方言区中都普遍存在。这些地方的人在发翘舌音的时候要注意两个问题:首先,要找出本方言读平舌而普通话读翘舌的那些字,进行有针对性的记忆。其次,要注意本方言的翘舌音的翘舌度是否与普通话一致。在有翘舌音的方言中,舌头前端接触硬腭的位置有的靠前,如老派长沙话;有的靠后,如四川的自贡话、郫县话等。这些地方的人往往按照自己方言的读法来读,往往会出现语音缺陷的情况。

二是完全不分。常见的是只有平舌音,没有翘舌音。这种现象在各大方言区都很常见。这些地方的人说普通话的时候容易犯两个错误:第一,没有"翘舌音"。产生这种现象的原因是说话者发不出翘舌音。因此,他们先要解决发音的问题。第二,全是翘舌音。这种现象产生的原因是说话者没记住读翘舌音的字。因此,应花功夫在记忆上。

---

[1] 由于方言声调复杂且用汉语拼音标调不能准确描述出来,所以在这一章中,方言不注出声调。本章注音尽可能用汉语拼音,如用国际音标都以[ ]注明。

不管哪个方言区的人要掌握翘舌音,在解决了发音问题之后,就要解决记忆问题,可以用以下方法来记忆。

### 1.汉字声旁记忆法

形声字在现行汉字常用字中占了90%,因此通过形声字来记忆可以收到举一反三、事半功倍的效果。比如"主"是翘舌音,"住、注、驻、柱、蛀"等以"主"为声旁的字也翘舌。又如"兹"是平舌,"磁、慈、滋"等以"兹"为声旁的汉字也读平舌音。但是,并不是所有的形声字都是如此,如"寺"(sì)——"诗"(shī),"此"(cǐ)——"柴"(chái)。这样的字并不多见,因此我们可以采取偏旁类推为主、记例外字为辅的方法来记忆。

部分声母代表字类推表

### 2.利用声韵配合规律

普通话的声母和韵母的搭配有规律可循。我们可以利用这些规律来记忆。如z、c、s不出现在韵母ua、uai、uang的前面,于是我们就不能把"抓、拽、庄"的声母读成z、c、s。又如sh不与ong相拼,我们就不能把"宋、嵩、松、悚"的声母读成sh。

## 二、关于n和l

n、l在普通话中有区别意义的作用,如"牛"(niú)、"流"(liú)不同,"怒"(nù)、"路"(lù)不同。但在许多方言中n、l并不区别意义,上面几组音的声母可以任意地读成n或l。这种现象称为鼻边不分(n是鼻音,l是边音)。西南官话区、湘方言区、赣方言区、吴方言区、闽方言区(部分)、粤方言区(部分)的学习者要注意这个问题。

区分鼻边音同样有一个记忆的问题,推荐两种方法:

第一,记少不记多。n比l少得多,因此记声母是n的字,要省力得多。

第二,声旁记忆法。如与下面这些字同声旁或以下面这些字为声旁的多半都读n:男、女、农、奴、粘、恼、那、难、拿、牛、乃、捏、耐、念、诺等。

## 三、关于j、q、x

z、c、s(方)——j、q、x(普)的对应。如前所述,z、c、s与i、ü相拼叫作尖音。在方言中尖音的分布十分广泛,有尖音的地方:河北南部(如石家庄、邯郸、平山、林县等)、北京、山东(如青岛、利津等)、河南(如郑州、商丘等)、四川(如平昌等)、湖南

(如老派长沙话、娄底话等)、江西(如萍乡等)、安徽(如阜阳等)、江苏(如无锡、苏州、昆山、上海等)、广西(如南宁等)、广东(如梅州等)、福建(如厦门、潮州、福州、建瓯等)。这些地方的人要练好普通话要注意克服尖音,在发j、q、x的时候,注意舌尖不要顶到了齿背。

g、k、h(方)——j、q、x(普)的对应。普通话中的j、q、x一部分是由g、k、h演变而来的。在有的方言中仍然保留了这种演变的痕迹,这就造成了普通话中读j、q、x与方言中读g、k、h的对立。各方言保留这种现象的字数并不相等,条件也不一样。第一种,字数不多,g、k、h出现在开口呼的前面。如四川自贡话把"窖"(jiào)读为gao,把"敲"(qiāo)读为kao,把"鞋"(xié)读为hai。这种现象分布比较广泛,主要出现在陕西话、山西话(部分)、西南官话(包括云、贵、川、鄂等)、湘方言、赣方言、吴方言中。第二种,字数多,g、k、h出现在齐齿呼、撮口呼、开口呼的前面。如广州话把"介"(jiè)读为gai,把"叫"(jiào)读为giu。福州话把"举"(jǔ)读为gü。这种现象出现在闽方言、粤方言及客家话中。这两组音的区别在于:g、k、h的发音部位是舌根和软腭,因此在发音时,会感到舌根隆起抵住软腭。在发音方法上,g、k是塞音,h是擦音。j、q、x的发音部位是舌面前部和硬腭前端,发音时,会感到舌面抵住硬腭前端。在发音方法上,j、q是塞擦音,x是擦音,参考图1-2-9至图1-2-12。这些方言区的学习者要留意"界(jiè)、街(jiē)、吓(xià)、家(jiā)、巷(xiàng)、杏(xìng)、搅(jiǎo)、角(jiǎo)、间(jiān)"等字的念法。另外,普通话中的g、k、h是不与齐齿呼和撮口呼相拼的。第二种情况要注意将i、ü前的g、k、h转化为相应的j、q、x。

## 四、关于f和h

这两个音发音方法相同,发音部位相异。前者是上齿与下唇形成阻碍,后者是舌根与软腭形成阻碍(参考图1-2-2和图1-2-12)。但在各方言中两音混淆现象很普遍,这就导致了这些方言区的人说普通话h、f不分的现象很普遍。在方言中这两组音的对应十分复杂,各方言区的人所表现出来的问题也不尽相同。大体有以下几种:

第一,部分相混。这里又分两种:①在普通话中声母是h,韵母是合口呼(以u作韵头或韵腹),在一些方言中声母常读为f,而且不同方言混读的字也有多少的区别。比如成都话只有在单韵母u的前面才把h读为f。如把"胡"(hú)读为fu,"虎"(hǔ)读为fu;而"花"(huā)、"黄"(huáng)仍读为hua、huang。湖南长沙话把

"狐"(hú)读为 fu,"灰"(huī)读为 fei,"昏"(hūn)读为 fun,而"火"(huǒ)仍读为 ho。②在普通话中声母是 f,韵母是开口呼的,一些方言中声母读为 h,韵母读为合口呼。如陕西西乡、南郑把"发"(fā)、"飞"(fēi)读为 huɑ、hui;而把"花"(huā)、"坏"(huài)读为 fɑ、fɑi。h、f 部分相混现象在很多方言区都有分布,是最普遍的语音现象之一。

第二,只有 h,没有 f。如娄底话把"飞"(fēi)读为 hui、"罚"(fá)读为 huɑ。这种情况出现在闽北、闽南及湖南的双峰、娄底等地的方言中。

要解决 h、f 相混的问题,最基本的就是要解决发音和记忆。在普通话中,f 的数量要少于 h,所以记 f 更省力。利用 f 和 h 不同的拼合规律来记忆,比如 f 不拼 ai、ao、ong、uai、uan、un、uo,而 h 可与这几个韵母相拼(详见 f、h 分辨练习)。另外,声旁记忆法同样管用,比如"夫"f——扶、肤、麸等,"胡"h——湖、糊、葫、瑚等。

## 五、关于零声母

普通话中的零声母,在一些方言中有与之相对应的辅音声母。下面列举几个常见的:

ng(方)——零声母(普)。比如成都话把"我"(wǒ)读为 ngo,"安"(ān)读为 ngɑn。广东潮州话把"颜"(yán)读为 ngiem。这种现象出现在陕西、山西、山东、河南、四川、重庆、云南、贵州、湖北、湖南、江西、安徽、浙江、江苏、广东、广西、福建等地的方言中。ng 在普通话中只作韵尾,不作声母。辨认自己是否带了 ng 作声母的方法是:如果发元音前,舌根隆起阻碍了气流,就发了 ng。

[ȵ](方)——零声母(普)。[ȵ]在方言中多出现在齐、撮两呼的前面。比如成都话把"严"(yán)读为[ȵian]。这种现象出现在陕西、山西、四川、重庆、云南、贵州、湖南、江西、浙江、江苏、广东(梅州)等地的方言中。辨认自己是否带了[ȵ]作声母的方法是:如果发元音前,舌面前部抵住硬腭前端阻碍了气流,就发了[ȵ]。

[v](方)——零声母(普)。[v]多对应普通话的合口呼零声母(普通话以 w 开始的音节)。但带[v]声母的字,声母分布并不一致。比如重庆话、成都话把"乌"(wū)读为[vu],"五"(wǔ)读为[vu];但"纹"(wén)读为[uen],"翁"(wēng)读为[oŋ]。太原话把"纹"(wén)读为[veŋ],把"翁"(wēng)读为[veŋ],但"乌"(wū)读[u],"五"(wǔ)读[u]。辨认自己是否带了[v]作声母的方法是:如果发元音前,上齿接近下唇与气流发生摩擦,并且声带振动了,就发了[v]。

## 第三节　普通话的声母训练

### 一、声母基础训练

#### （一）声母知识思考练习

**1. 根据描述写出普通话的声母**

(1) 双唇、送气、清、塞音。　　　　　　　　　　　　　　　（　　　）

(2) 舌尖前、送气、清、塞擦音。　　　　　　　　　　　　　（　　　）

(3) 舌尖中、不送气、清、塞音。　　　　　　　　　　　　　（　　　）

(4) 舌尖中、浊、鼻音。　　　　　　　　　　　　　　　　　（　　　）

(5) 舌尖中、浊、边音。　　　　　　　　　　　　　　　　　（　　　）

(6) 舌尖后、不送气、清、塞擦音。　　　　　　　　　　　　（　　　）

(7) 舌尖后、浊、擦音。　　　　　　　　　　　　　　　　　（　　　）

(8) 舌面前、送气、清、塞擦音。　　　　　　　　　　　　　（　　　）

(9) 舌根、清、擦音。　　　　　　　　　　　　　　　　　　（　　　）

**2. 描述下列几组音的区别**

| h—f | z—zh | b—p | g—j |
|---|---|---|---|
| n—l | z—j | r—l | sh—h |

**3. 从下列各组声母中找出发音部位与其他三个不同的声母**

(1) d　m　l　n　　　　(2) j　f　x　q

(3) z　s　sh　c　　　　(4) b　d　m　p

**4. 从下列各组声母中找出发音方法与其他三个不同的声母**

(1) h　f　l　x　　　　(2) p　t　k　g

(3) zh　z　sh　j　　　(4) b　d　m　p

**5. 比较下列几组声母**（注意感受：第一，音的差别；第二，引起声母差异的发音部位、发音方法在口腔中的体现。）

| z—s | b—h | z—g | b—p（发音方法） |
|---|---|---|---|
| z—j | g—j | h—f | n—l　　ch—q（发音部位） |
| z—zh | s—r | d—j（发音部位和发音方法） | |

## (二)声母读音训练①

| | | | | |
|---|---|---|---|---|
| b | 百般 bǎibān | 把柄 bǎbǐng | 播报 bōbào | 鄙薄 bǐbó |
| p | 爬坡 pápō | 批评 pīpíng | 乒乓 pīngpāng | 瓢泼 piáopō |
| m | 买卖 mǎimai | 秘密 mìmì | 命名 mìngmíng | 面貌 miànmào |
| f | 非法 fēifǎ | 丰富 fēngfù | 反复 fǎnfù | 发放 fāfàng |
| d | 大地 dàdì | 得到 dédào | 独到 dúdào | 带动 dàidòng |
| t | 团体 tuántǐ | 疼痛 téngtòng | 淘汰 táotài | 抬头 táitóu |
| n | 牛奶 niúnǎi | 南宁 Nánníng | 年内 niánnèi | 能耐 néngnài |
| l | 理论 lǐlùn | 力量 lìliàng | 历来 lìlái | 利率 lìlǜ |
| g | 改革 gǎigé | 广告 guǎnggào | 各国 gèguó | 公共 gōnggòng |
| k | 可靠 kěkào | 刻苦 kèkǔ | 坎坷 kǎnkě | 开口 kāikǒu |
| h | 辉煌 huīhuáng | 黄河 huánghé | 混合 hùnhé | 豪华 háohuá |
| j | 经济 jīngjì | 积极 jījí | 基金 jījīn | 解决 jiějué |
| q | 全球 quánqiú | 亲切 qīnqiè | 确切 quèqiè | 前期 qiánqī |
| x | 学习 xuéxí | 现象 xiànxiàng | 形象 xíngxiàng | 消息 xiāoxi |
| zh | 政治 zhèngzhì | 真正 zhēnzhèng | 战争 zhànzhēng | 装置 zhuāngzhì |
| ch | 抽查 chōuchá | 传承 chuánchéng | 出差 chūchāi | 长城 chángchéng |
| sh | 实施 shíshī | 生疏 shēngshū | 事实 shìshí | 税收 shuìshōu |
| r | 仍然 réngrán | 柔软 róuruǎn | 容忍 róngrěn | 软弱 ruǎnruò |
| z | 藏族 zàngzú | 自尊 zìzūn | 再造 zàizào | 做作 zuòzuo |
| c | 层次 céngcì | 粗糙 cūcāo | 曹操 cáocāo | 璀璨 cuǐcàn |
| s | 诉讼 sùsòng | 思索 sīsuǒ | 松散 sōngsǎn | 色素 sèsù |
| 零声母 | 阿姨 āyí | 碍事 àishì | 额头 étóu | 阿谀 ēyú |

## (三)声母分辨练习

1. zh、ch、sh 与 z、c、s

(1)连用练习

| | | | | |
|---|---|---|---|---|
| zh 与 z | 正在 zhèngzài | 制作 zhìzuò | 职责 zhízé | 种子 zhǒngzi |
| | 组织 zǔzhī | 增长 zēngzhǎng | 最终 zuìzhōng | 作者 zuòzhě |

---

① 全书变调不标出,注原调。轻声不标调。凡词典中注明方言的,不收录。

| | | | | |
|---|---|---|---|---|
| zh 与 c | 政策 zhèngcè | 仲裁 zhòngcái | 注册 zhùcè | 至此 zhìcǐ |
| | 财政 cáizhèng | 从中 cóngzhōng | 参展 cānzhǎn | 村庄 cūnzhuāng |
| zh 与 s | 诊所 zhěnsuǒ | 周岁 zhōusuì | 住宿 zhùsù | 周四 zhōusì |
| | 素质 sùzhì | 苏州 sūzhōu | 所长 suǒzhǎng | 死者 sǐzhě |
| ch 与 z | 创造 chuàngzào | 出租 chūzū | 重组 chóngzǔ | 炒作 chǎozuò |
| | 造成 zàochéng | 资产 zīchǎn | 在场 zàichǎng | 自查 zìchá |
| ch 与 c | 储存 chǔcún | 纯粹 chúncuì | 尺寸 chǐcùn | 成才 chéngcái |
| | 财产 cáichǎn | 磁场 cíchǎng | 促成 cùchéng | 测出 cèchū |
| ch 与 s | 传送 chuánsòng | 橙色 chéngsè | 沉思 chénsī | 春笋 chūnsǔn |
| | 四川 sìchuān | 丝绸 sīchóu | 俗称 súchēng | 宋朝 sòngcháo |
| sh 与 z | 实在 shízai | 数字 shùzì | 擅自 shànzì | 失踪 shīzōng |
| | 葬身 zàngshēn | 总是 zǒngshì | 走势 zǒushì | 造势 zàoshì |
| sh 与 c | 首次 shǒucì | 蔬菜 shūcài | 身材 shēncái | 诗词 shīcí |
| | 措施 cuòshī | 从事 cóngshì | 此时 cǐshí | 藏书 cángshū |
| sh 与 s | 胜诉 shèngsù | 收缩 shōusuō | 杀死 shāsǐ | 时速 shísù |
| | 损失 sǔnshī | 丧失 sàngshī | 三十 sānshí | 所属 suǒshǔ |

（2）对比练习

| | | | | |
|---|---|---|---|---|
| zh—z | 扎 zhā—趱 zā | 炸 zhá—杂 zá | 眨 zhǎ—咋 zǎ | 窄 zhǎi—宰 zǎi |
| | 折 zhé—责 zé | 这 zhè—仄 zè | 摘 zhāi—灾 zāi | 找 zhǎo—早 zǎo |
| | 债 zhài—再 zài | 招 zhāo—遭 zāo | 着 zháo—凿 záo | 宙 zhòu—揍 zòu |
| | 照 zhào—造 zào | 周 zhōu—邹 zōu | 肘 zhǒu—走 zǒu | 枕 zhěn—怎 zěn |
| | 粘 zhān—簪 zān | 斩 zhǎn—攒 zǎn | 战 zhàn—赞 zàn | 帐 zhàng—葬 zàng |
| | 镇 zhèn—潛 zèn | 张 zhāng—脏 zāng | 猪 zhū—租 zū | 涨 zhǎng—驵 zǎng |
| | 争 zhēng—曾 zēng | 正 zhèng—锃 zèng | 桌 zhuō—嘬 zuō | 浊 zhuó—昨 zuó |
| | 坠 zhuì—醉 zuì | 砖 zhuān—钻 zuān | 转 zhuǎn—缵 zuǎn | 赚 zhuàn—钻 zuàn |
| ch—c | 插 chā—擦 cā | 彻 chè—策 cè | 拆 chāi—猜 cāi | 柴 chái—财 cái |
| | 茝 chǎi—踩 cǎi | 虿 chài—菜 cài | 超 chāo—操 cāo | 潮 cháo—槽 cáo |
| | 炒 chǎo—草 cǎo | 臭 chòu—凑 còu | 掺 chān—参 cān | 蝉 chán—残 cán |
| | 昌 chāng—仓 cāng | 常 cháng—藏 cáng | 称 chēng—噌 cēng | 成 chéng—层 céng |
| | 戳 chuō—撮 cuō | 踱 chuò—错 cuò | 吹 chuī—崔 cuī | 川 chuān—蹿 cuān |
| sh—s | 沙 shā—撒 sā | 傻 shǎ—洒 sǎ | 厦 shà—飒 sà | 摄 shè—色 sè |

| | | | |
|---|---|---|---|
| 筛 shāi—腮 sāi | 晒 shài—赛 sài | 烧 shāo—骚 sāo | 少 shǎo—扫 sǎo |
| 山 shān—三 sān | 闪 shǎn—散 sǎn | 善 shàn—散 sàn | 深 shēn—森 sēn |
| 伤 shāng—桑 sāng | 赏 shǎng—搡 sǎng | 上 shàng—丧 sàng | 生 shēng—僧 sēng |
| 说 shuō—梭 suō | 谁 shuí—随 suí | 水 shuǐ—髓 suǐ | 睡 shuì—岁 suì |

| | |
|---|---|
| 棉纸 miánzhǐ—棉籽 miánzǐ | 鱼翅 yúchì—鱼刺 yúcì |
| 杀手 shāshǒu—撒手 sāshǒu | 睡时 shuìshí—碎石 suìshí |
| 主力 zhǔlì—阻力 zǔlì | 战时 zhànshí—暂时 zànshí |
| 摘桃 zhāitáo—栽桃 zāitáo | 秩序 zhìxù—自序 zìxù |
| 支援 zhīyuán—资源 zīyuán | 初步 chūbù—粗布 cūbù |
| 推迟 tuīchí—推辞 tuīcí | 木柴 mùchái—木材 mùcái |
| 乱吵 luànchǎo—乱草 luàncǎo | 插手 chāshǒu—擦手 cāshǒu |
| 诗人 shīrén—私人 sīrén | 树立 shùlì—肃立 sùlì |
| 收集 shōují—搜集 sōují | 山脚 shānjiǎo—三角 sānjiǎo |
| 找到 zhǎodào—早到 zǎodào | 师长 shīzhǎng—司长 sīzhǎng |
| 支柱 zhīzhù—资助 zīzhù | 照旧 zhàojiù—造就 zàojiù |
| 札记 zhájì—杂技 zájì | 知事 zhīshì—姿势 zīshì |

**2. n 与 l**

**（1）连用练习**

| | | | |
|---|---|---|---|
| n—l | 努力 nǔlì | 哪里 nǎlǐ | 年龄 niánlíng |
| | 能量 néngliàng | 南岭 nánlǐng | 男篮 nánlán |
| | 年历 niánlì | 内陆 nèilù | 奴隶 núlì |
| | 鸟类 niǎolèi | 年老 niánlǎo | 农林 nónglín |
| l—n | 辽宁 Liáoníng | 列宁 LièNíng | 老年 lǎonián |
| | 理念 lǐniàn | 岭南 lǐngnán | 冷暖 lěngnuǎn |
| | 两难 liǎngnán | 利尿 lìniào | 老农 lǎonóng |
| | 靓女 liàngnǚ | 冷凝 lěngníng | 流脑 liúnǎo |

**（2）对比练习**

| | | | | |
|---|---|---|---|---|
| n—l | 那 Nā—拉 lā | 拿 ná—晃 lá | 哪 nǎ—喇 lǎ | 那 nà—辣 là |
| | 耐 nài—赖 lài | 南 nán—篮 lán | 赧 nǎn—懒 lǎn | 难 nàn—烂 làn |
| | 囔 nāng—啷 lāng | 囊 náng—郎 láng | 攮 nǎng—朗 lǎng | 齉 nàng—浪 làng |

| | | | |
|---|---|---|---|
| 挠 náo—劳 láo | 脑 nǎo—老 lǎo | 闹 nào—涝 lào | 讷 nè—乐 lè |
| 馁 něi—垒 lěi | 内 nèi—累 lèi | 能 néng—棱 léng | 泥 ní—黎 lí |
| 你 nǐ—李 lǐ | 逆 nì—力 lì | 黏 nián—连 lián | 碾 niǎn—脸 liǎn |
| 念 niàn—练 liàn | 娘 niáng—凉 liáng | 酿 niàng—亮 liàng | 鸟 niǎo—了 liǎo |
| 捏 niē—咧 liē | 聂 niè—列 liè | 您 nín—林 lín | 凝 níng—灵 líng |
| 拧 nǐng—岭 lǐng | 泞 nìng—另 lìng | 妞 niū—溜 liū | 牛 niú—刘 liú |
| 扭 niǔ—柳 liǔ | 拗 niù—六 liù | 农 nóng—笼 lóng | 耨 nòu—陋 lòu |
| 奴 nú—卢 lú | 努 nǔ—鲁 lǔ | 怒 nù—路 lù | 女 nǚ—缕 lǚ |
| 衄 nù—绿 lǜ | 暖 nuǎn—卵 luǎn | 虐 nüè—掠 lüè | 麇 nún—伦 lún |
| 挪 nuó—罗 luó | 糯 nuò—骆 luò | | |

| | |
|---|---|
| 内线 nèixiàn—泪腺 lèixiàn | 年年 niánnián—连年 liánnián |
| 女客 nǚkè—旅客 lǚkè | 浓重 nóngzhòng—隆重 lóngzhòng |
| 兰陵 Lánlíng—南宁 Nánníng | 无奈 wúnài—无赖 wúlài |
| 南天 nántiān—蓝天 lántiān | 黄泥 huángní—黄鹂 huánglí |
| 水牛 shuǐniú—水流 shuǐliú | 小牛 xiǎoniú—小刘 XiǎoLiú |
| 门内 ménnèi—门类 ménlèi | 廉洁 liánjié—年节 niánjié |
| 百年 bǎinián—白莲 báilián | 取暖 qǔnuǎn—取卵 qǔluǎn |
| 为难 wéinán—围栏 wéilán | 牛油 niúyóu—流油 liúyóu |
| 腾挪 téngnuó—藤萝 téngluó | 渔农 yúnóng—鱼龙 yúlóng |
| 三年 sānnián—三连 sānlián | 孤女 gūnǚ—孤旅 gūlǚ |
| 很难 hěnnán—很蓝 hěnlán | 连年 liánnián—连连 liánlián |
| 大娘 dàniáng—大梁 dàliáng | 莫逆 mònì—茉莉 mòlì |

### 3. h 与 f

（1）连用练习

| | | | | |
|---|---|---|---|---|
| h—f | 恢复 huīfù | 合法 héfǎ | 和服 héfú | 划分 huàfēn |
| | 花费 huāfèi | 洪峰 hóngfēng | 合肥 Héféi | 后方 hòufāng |
| | 互访 hùfǎng | 后防 hòufáng | 焕发 huànfā | 寒风 hánfēng |
| | 化肥 huàféi | 横幅 héngfú | 耗费 hàofèi | 花粉 huāfěn |
| f—h | 发挥 fāhuī | 符合 fúhé | 复合 fùhé | 缝合 fénghé |
| | 分行 fēnháng | 返回 fǎnhuí | 防洪 fánghóng | 分红 fēnhóng |

繁华 fánhuá　　　分化 fēnhuà　　　符号 fúhào　　　防火 fánghuǒ
丰厚 fēnghòu　　　凤凰 fènghuáng　　返还 fǎnhuán　　防护 fánghù

(2) 对比练习

h—f　哈 hā—发 fā　　　蛤 há—罚 fá　　　哈 hǎ—法 fǎ　　　哈 hà—发 fà
　　　憨 hān—翻 fān　　寒 hán—凡 fán　　喊 hǎn—返 fǎn　　汗 hàn—饭 fàn
　　　夯 hāng—方 fāng　航 háng—房 fáng　黑 hēi—非 fēi　　痕 hén—焚 fén
　　　很 hěn—粉 fěn　　恨 hèn—奋 fèn　　亨 hēng—丰 fēng　横 héng—逢 féng
　　　呼 hū—夫 fū　　　湖 hú—服 fú　　　虎 hǔ—抚 fǔ　　　护 hù—副 fù
　　　荒地 huāngdì—方地 fāngdì　　　　　皇后 huánghòu—房后 fánghòu
　　　航空 hángkōng—防空 fángkōng　　　工会 gōnghuì—公费 gōngfèi
　　　弧度 húdù—幅度 fúdù　　　　　　　开花 kāihuā—开发 kāifā
　　　互利 hùlì—富丽 fùlì　　　　　　　绘画 huìhuà—废话 fèihuà
　　　理化 lǐhuà—理发 lǐfà　　　　　　　救护 jiùhù—舅父 jiùfù
　　　白化 báihuà—白发 báifà　　　　　　全会 quánhuì—全废 quánfèi
　　　武汉 Wǔhàn—午饭 wǔfàn　　　　　　乳黄 rǔhuáng—乳房 rǔfáng
　　　同行 tóngháng—同房 tóngfáng　　　遗憾 yíhàn—疑犯 yífàn
　　　平缓 pínghuǎn—平反 píngfǎn　　　　干旱 gānhàn—干饭 gānfàn
　　　几乎 jīhū—肌肤 jīfū　　　　　　　　冷汗 lěnghàn—冷饭 lěngfàn
　　　学会 xuéhuì—学费 xuéfèi　　　　　 民航 mínháng—民防 mínfáng

**4. 零声母的分辨**

阿姨 āyí　　　　　腌臜 āzā　　　　　爱人 àiren　　　　挨打 áidǎ
樱桃 yīngtao　　　恩情 ēnqíng　　　　欧洲 ōuzhōu　　　澳洲 Àozhōu
物体 wùtǐ　　　　 武松 Wǔsōng　　　　望天 wàngtiān　　 翁婿 wēngxù
我们 wǒmen　　　　危害 wēihài　　　　完蛋 wándàn　　　外婆 wàipó
哑巴 yǎba　　　　颜色 yánsè　　　　　氧气 yǎngqì　　　叶子 yèzi

**(四) 绕口令练习**

Shī zi shān shang Shī shān sì,
1. 狮 子 山　 上　狮 山 寺,

   Shī shān sì mén qián sì shī zi.
   狮 山 寺 门　前 四 狮 子。

Shī shān sì shì chán sì,
狮山寺是禅寺，

Sì shī zi shì shí shī zi.
四狮子是石狮子。

Shí shī zi kān shǒu Shī shān sì,
石狮子看守狮山寺，

Shī shān sì bǎo hù shí shī zi.
狮山寺保护石狮子。

Zhōu Zōng zī yǔ Zhōu Zhòng chí,
2. 周宗资与周仲池，

Dōu shì zhōng chéng lǎo shi de hǎo tóng zhì.
都是忠诚老实的好同志。

Tā men dōu yǒu guāng róng de dòu zhēng shǐ,
他们都有光荣的斗争史，

Gēn suí Máo zhǔ xí pá guo xuě shān,
跟随毛主席爬过雪山，

Tāng guo cǎo dì,
蹚过草地，

Míng biāo qīng shǐ.
名标青史。

Xiǎo Chū shàng jiē mǎi le cù,
3. 小初上街买了醋，

Xiǎo Sū shàng jiē mǎi le zhū.
小苏上街买了猪。

Lù shang héng zhe yī miàn gǔ,
路上横着一面鼓，

Liǎng rén yī qǐ bǎ lù shū.
两人一起把路疏。

Shéi zhī dào,
谁知道，

Xiǎo Sū de zhū gǒng fān le Xiǎo Chū de cù,
小苏的猪拱翻了小初的醋，

Xiǎo Chū de cù rǎn hóng le Xiǎo Sū de zhū.
小初的醋染红了小苏的猪。

Xiǎo Sū yào Xiǎo Chū péi zì jǐ de zhū,
小苏要小初赔自己的猪，

Xiǎo Chū yào Xiǎo Sū péi zì jǐ de cù.
小初要小苏赔自己的醋。

Xiǎo Chū zhuā làn Xiǎo Sū de yī fu,
小初抓烂小苏的衣服，

Xiǎo Sū sī pò Xiǎo Chū de mián kù.
小苏撕破小初的棉裤。

Dào zuì hòu,
到最后，

Xiǎo Sū pǎo le zhū,
小苏跑了猪，

Xiǎo Chū méi le cù.
小初没了醋。

Sì shì sì,
4.四是四，

Shí shì shí,
十是十，

Shí sì shì shí sì,
十四是十四，

Sì shí shì sì shí.
四十是四十。

Shéi yào bǎ shí sì shuō chéng sì shí,
谁要把十四说成四十，

Jiù fá shéi shí sì.
就罚谁十四。

Shéi yào bǎ sì shí shuō chéng shí sì,
谁要把四十说成十四，

Jiù fá shéi sì shí.
就罚谁四十。

Xiǎo Shí shí shì zi,
5.小石拾柿子，

Shí dào sì shí sì,
拾到四十四，

Ná dào chèng shang shì,
拿到秤上试，

Xū yào chēng liǎng cì.
需要称两次。

Tóu chèng chēng sān shí,
头称称三十，

Jīn shù zhěng sì shí;
斤数整四十；

Èr chèng chēng shí sì,
二称称十四，

Sì jīn sì liǎng sì;
四斤四两四；

Liǎng chèng chēng shì zi,
两称称柿子，

Gòng shì sì shí sì jīn sì liǎng sì.
共是四十四斤四两四。

Chuāng tái shang fàng ge zuàn,
6. 窗台上放个钻，

Zuàn dǐ xia fàng kuài zhuān.
钻底下放块砖。

Bù zhī yào zhuān zá zuàn,
不知要砖砸钻，

Hái shi yào zuàn zuān zhuān.
还是要钻钻砖。

Lù dōng zhù zhe Liú Xiǎo liǔ,
7. 路东住着刘小柳，

Lù nán zhù zhe Niú Xiǎo niū.
路南住着牛小妞。

Liú Xiǎo liǔ ná zhe jiǔ ge hóng pí qiú,
刘小柳拿着九个红皮球，

Niú Xiǎo niū bào zhe liù ge dà shí liu
牛小妞抱着六个大石榴。

Liú Xiǎo liǔ bǎ pí qiú sòng gěi Niú Xiǎo niū,
刘小柳把皮球送给牛小妞，

Niú Xiǎo niū bǎ shí liu sòng gěi Liú Xiǎo liǔ.
牛 小 妞 把 石 榴 送 给 刘 小 柳。

Niú Xiǎo niū liǎnr lè de xiàng hóng pí qiú,
牛 小 妞 脸儿 乐 得 像 红 皮 球,

Liú Xiǎo liǔ xiào de xiàng kāi huā de dà shí liu.
刘 小 柳 笑 得 像 开 花 的 大 石 榴。

Niú Láng nián nián liàn Liú Niáng,
8.牛 郎 年 年 恋 刘 娘,

Liú Niáng lián lián niàn Niú Láng.
刘 娘 连 连 念 牛 郎。

Niú Láng liàn Liú Niáng,
牛 郎 恋 刘 娘,

Liú Niáng liàn Niú Láng,
刘 娘 恋 牛 郎,

Láng liàn niáng lái niáng liàn láng,
郎 恋 娘 来 娘 恋 郎,

Liàn de lèi zhū yī háng háng.
恋 得 泪 珠 一 行 行。

Nán nan Lián lian liàn kuà lán,
9.南 南 莲 莲 练 跨 栏,

Nán nan kuà lán xiān lǐng xiān.
南 南 跨 栏 先 领 先。

Lián lian kuà lán gǎn Nán nan,
莲 莲 跨 栏 赶 南 南,

Jǐn zhuī měng gǎn zhuī dào Nán nan qián.
紧 追 猛 赶 追 到 南 南 前。

Nán nan Lián lian bǐ kuà lán,
南 南 莲 莲 比 跨 栏,

Lián lian kuà lán shèng Nán nan.
莲 莲 跨 栏 胜 南 南。

Liù shí liù tóu niú,
10.六 十 六 头 牛,

Tuó zhe liù shí liù ge lǒu.
驮 着 六 十 六 个 篓。

Měi lǒu zhuāng zhe liù shí liù jīn yóu.
每篓装着六十六斤油。

Lǎo niú niǔ zhe zǒu,
老牛扭着走,

Yóu lǒu lòu le yóu,
油篓漏了油,

Lòu chū de yóu bǐ yī ge lǒu lǐ de yóu hái duō bàn jīn yóu.
漏出的油比一个篓里的油还多半斤油。

Qǐng nǐ shuō yi shuō,
请你说一说,

Liù shí liù tóu niú tuó de liù shí liù ge lǒu lǐ hái yǒu duō shao yóu?
六十六头牛驮的六十六个篓里还有多少油?

Pán li fàng zhe yī ge lí,
11. 盘里放着一个梨,

Zhuō shang yǒu kuài xiàng pí ní,
桌上有块橡皮泥,

Xiǎo Lí yòng ní xué niē lí.
小黎用泥学捏梨。

Yǎn kàn lí,
眼看梨,

Shǒu niē ní,
手捏泥,

Yī huìr niē chéng yī ge lí,
一会儿捏成一个梨,

Zhēn lí jiǎ lí chà bu lí.
真梨假梨差不离。

Mén wài yǒu sì pǐ Yī lí mǎ,
12. 门外有四匹伊犁马,

Nǐ ài lā nǎ liǎ lā nǎ liǎ.
你爱拉哪俩拉哪俩。

Mén wài yǒu sì liàng sì lún dà mǎ chē,
门外有四辆四轮大马车,

Nǐ ài lā nǎ liǎng liàng,
你爱拉哪两辆,

Nǐ jiù lā nǎ liǎng liàng.
你就拉哪两辆。

Fěn hóng qiáng shang huà fèng huáng,
13. 粉红墙上画凤凰,

Xiān huà yī ge hóng fèng huáng,
先画一个红凤凰,

Zài huà yī ge huáng fèng huáng.
再画一个黄凤凰。

Huáng fèng huáng shàng mian huà shang hóng;
黄凤凰上面画上红;

Hóng fèng huáng shàng mian huà shang huáng.
红凤凰上面画上黄。

Hóng fèng huáng chéng le hóng huáng fèng huáng,
红凤凰成了红黄凤凰,

Huáng fèng huáng chéng le huáng hóng fèng huáng.
黄凤凰成了黄红凤凰。

Fěn hóng qiáng shang fēn bu qīng,
粉红墙上分不清,

Nǎ ge shì hóng fèng huáng,
哪个是红凤凰,

Nǎ ge shì huáng fèng huáng.
哪个是黄凤凰。

Lǎo Fāng káng zhe ge huáng huǎng zi,
14. 老方扛着个黄幌子,

Lǎo Huáng káng zhe ge fāng huǎng zi,
老黄扛着个方幌子,

Lǎo Fāng yào ná Lǎo Huáng de fāng huǎng zi,
老方要拿老黄的方幌子,

Lǎo Huáng yào ná Lǎo Fāng de huáng huǎng zi,
老黄要拿老方的黄幌子,

Lǎo Huáng bù ná zì jǐ de fāng huǎng zi huàn Lǎo Fāng de huáng huǎng zi,
老黄不拿自己的方幌子换老方的黄幌子，

Lǎo Fāng yě bù ná zì jǐ de huáng huǎng zi huàn Lǎo Huáng de fāng huǎng zi,
老方也不拿自己的黄幌子换老黄的方幌子，

Jié guǒ shì fāng huǎng zi chán zhù le huáng huǎng zi,
结果是方幌子缠住了黄幌子，

Huáng huǎng zi chě huài le fāng huǎng zi.
黄幌子扯坏了方幌子。

Lǐ huà hé lǐ fà,
15. 理化和理发，

Běn bù shì yī jiā.
本不是一家。

Cōng míng xiǎo Zhāng Huá,
聪明小张华，

Xué wán le lǐ huà,
学完了理化，

Rán hòu xué lǐ fà.
然后学理发。

Yòng lǐ huà zhǐ dǎo lǐ fà,
用理化指导理发，

Zài lǐ fà zhōng fā xiàn lǐ huà,
在理发中发现理化，

Lǐ huà hé lǐ fà,
理化和理发，

Jìng rán jié qìng jiā.
竟然结亲家。

Hóng fàn wǎn,
16. 红饭碗，

Huáng fàn wǎn,
黄饭碗，

Hóng fàn wǎn chéng mǎn wǎn fàn,
红饭碗盛满碗饭，

Huáng fàn wǎn chéng bàn wǎn fàn,
黄 饭 碗 盛 半 碗 饭,

Huáng fàn wǎn tiān bàn wǎn fàn,
黄 饭 碗 添 半 碗 饭,

Xiàng hóng fàn wǎn yī yàng mǎn wǎn fàn.
像 红 饭 碗 一样 满 碗 饭。

Fēng chuī huī fēi,
17. 风 吹 灰 飞,

Huī fēi huā shang huā duī huī.
灰 飞 花 上 花 堆 灰。

Fēng chuī huā huī huī fēi qù,
风 吹 花 灰 灰 飞 去,

Huī zài fēng li chuī yòu fēi.
灰 在 风 里 吹 又 飞。

Wáng Huān hé Lǐ Fán yī qǐ qù chéng chuán,
18. 王 欢 和 李 凡 一起 去 乘 船,

Chuán xíng hóng hú miàn,
船 行 洪 湖 面,

Chù chù shì bái fān.
处 处 是 白 帆。

Wáng Huān fú lán tàn shēn kàn,
王 欢 扶 栏 探 身 看,

Lǐ Fán shēn shǒu lā Wáng Huān.
李 凡 伸 手 拉 王 欢。

## 二、短文朗读练习

为了教学和测试的需要,我们选取了《普通话水平测试实施纲要》(国家语言文字工作委员会普通话培训测试中心编制、中华人民共和国教育部语言文字应用管理司组织审定,商务印书馆2004年)中的60篇普通话水平测试用朗读作品,编排在各章的练习里。限于篇幅,均以二维码的方式呈现。

普通话朗读
作品1—10号

## 三、说话练习

1. 老师
2. 我喜爱的植物
3. 家乡(或熟悉的地方)
4. 劳动的体会
5. 对环境保护的认识
6. 生活中的诚信
7. 网络时代的生活
8. 小家、大家与国家

### 拓展延伸

[1]黄伯荣,廖序东.现代汉语[M].增订6版.北京:高等教育出版社,2017.

[2]胡裕树.现代汉语(重订本)[M].上海:上海教育出版社,2019.

[3]林焘,王理嘉.语音学教程[M].2版.王韫佳,王理嘉,增订.北京:北京大学出版社,2013.

[4]李如龙.汉语方言学[M].2版.北京:高等教育出版社,2007.

[5]谢小丽.重庆方言f、h混用情况调查研究[J].内江师范学院学报,2013(5):72-75.

[6]孙益凤.20世纪80年代以来普通话声母研究综述[J].现代语文(语言研究),2016(3):16-18.

# 第三章　普通话韵母

**【章目要览】**

普通话中有三十九个韵母,其中十个单韵母,十三个复元音韵母,十六个鼻韵母。韵母由元音或元音加辅音构成。方言与普通话韵母存在较大差异,有的方言 in 与 ing、en 与 eng 相混,有的方言 o、uo 不分,有的方言添加或丢失韵头。

**【相关知识】**

本章涉及发音学以及方言学的相关知识。

**【重点提示】**

韵母的结构、发音;方言与普通话韵母的差异。

## 第一节　普通话韵母的发音

### 一、韵母的结构

韵母是指汉语音音节中除声母外所剩下的那一部分。比如:mǎ(马)中 m 是声母,a 是韵母;chuāng(窗)中 ch 是声母,uang 是韵母。在没有声母的情况下,韵母也可以自成音节,即零声母音节,比如:ǎi(矮)等。韵母是音节中的主要部分,因此,一个音节中有时可以没有声母,但是不能没有韵母。

韵母与元音的区别:①角度不同,元音是就音素本身的性质来说的,韵母是就汉语的音节结构而言的。②范围不同,韵母的范围要大于元音,韵母中除了单韵母外,还有复韵母,它们是几个元音或元音加上辅音的组合。韵母主要由元音构成,也有元音加鼻辅音的形式,如鼻韵母 en、in、ong 等。构成韵母的音素,最少的有一个,最多只能有三个。例如 jí(吉)、tiē(贴)、guàng(逛)三个音节中的韵母,就分别由一个、两个、三个音素构成。

韵母可以分为韵头、韵腹、韵尾三个部分。

韵头是指韵母开头的那个元音,即韵腹前面的元音,它的发音轻而短,处于声母和韵腹之间,也叫介音。不是每个韵母都有韵头,韵头由 i、u、ü 三个元音充当。如 diào(吊)中 i 就是韵头。

韵腹是韵母里的主要元音,是韵母的主干,它的发音最响亮,开口度最大。在任何一个音节里,可以没有声母、韵头、韵尾,但一定要有韵腹。韵腹必须由元音充当,常充当韵腹的有 a、o、e、ê,在没有韵头和韵尾的情况下,i、u、ü、er、-i(前)、-i(后)等元音也可作韵腹。

韵尾是韵腹后面的那个音素,由 i、u(o)等元音和 n、ng 两个鼻辅音充当。例如:ei 中的"i",ing 中的"ng"都是韵尾。在某些音节中,也可以没有韵尾,例如:ná(拿)、jiē(接)等。

## 二、韵母的分类

### (一)按组成结构分类

普通话共有三十九个韵母。按照组成结构的特点,可将其分为单韵母、复韵母和鼻韵母三类。

#### 1.单韵母(十个)

单韵母是指由一个元音音素构成的韵母。其中舌面元音七个:a、o、e、ê、i、u、ü;舌尖元音两个:-i(前)、-i(后);卷舌元音一个:er。除-i(前)、-i(后)外,其余的八个都可以自成音节。单韵母具有单元音发音的所有特点,除了气流和声波在口腔内不受显著阻碍、发音器官均衡紧张、声带颤动外,在发音过程中还要求舌位、唇形始终如一,不能有动程。

#### 2.复元音韵母(十三个)

复元音韵母是指由两个或三个元音音素构成的韵母。由两个元音组成的叫二合元音韵母,进一步分为前响复元音韵母和后响复元音韵母,前响复元音韵母四个:ai、ei、ao、ou;后响复元音韵母五个:ia、ie、ua、uo、üe。由三个元音组成的韵母叫三合元音韵母,又叫中响复元音韵母,有四个:iao、iou、uai、uei。复元音韵母的发音是在舌位和唇形的连续移动中形成的,有一个动程。

### 3.鼻韵母(十六个)

鼻韵母是由一个或两个元音音素加上一个鼻辅音(n或ng)音素构成的。由元音加辅音n尾组成的叫前鼻音韵母,有八个:an、en、ian、in、uan、uen、üan、ün;由元音加上辅音ng尾组成的韵母叫后鼻韵母,也是八个:ang、eng、iang、ing、uang、ueng、ong、iong。

## (二)按韵母开头元音发音口形分类

汉语传统语音学根据韵母介音的发音口形,把韵母分为开口呼韵母、齐齿呼韵母、合口呼韵母、撮口呼韵母四类,简称"四呼"。

### 1.开口呼

指没有韵头,韵腹不是i、u、ü的韵母,普通话里有十五个:a、o、e、ai、ei、ao、ou、an、en、ang、eng、ê、-i(前)、-i(后)、er。

### 2.齐齿呼

指韵头或韵腹是i的韵母,普通话里有九个:i、ia、ie、iao、iou、ian、in、iang、ing。

### 3.合口呼

指韵头或韵腹是u的韵母,普通话里有十个:u、ua、uo、uai、uei、uan、uen、uang、ueng、ong。

### 4.撮口呼

指韵头或韵腹是ü的韵母,普通话里有五个:ü、üe、üan、ün、iong。

## (三)按韵尾作标准可分类

### 1.开(元)尾韵母

以元音收尾的韵母,又叫开音节,如:a、ie等。

### 2.鼻音尾韵母

以辅音n或ng收尾的韵母,如in、ün、ong、uang等。语音学上,把以鼻辅音收尾和以塞音收尾的音节叫闭音节,只是普通话里已经没有塞音结尾的音节了。

表1-3-1　普通话韵母总表

|  | 开口呼 | 齐齿呼 | 合口呼 | 撮口呼 |
|---|---|---|---|---|
| 单韵母 | -i[ɿ]-i[ʅ] | i[i] | u[u] | ü[y] |
|  | a[A] |  |  |  |
|  | o[o] |  |  |  |
|  | e[ɤ] |  |  |  |
|  | ê[ɛ] |  |  |  |
|  | er[ər] |  |  |  |
| 复韵母 |  | ia[iA] | ua[uA] |  |
|  |  |  | uo[uo] |  |
|  |  | ie[iɛ] |  | üe[yɛ] |
|  | ai[ai] |  | uai[uai] |  |
|  | ei[ei] |  | uei[uei] |  |
|  | ao[au] | iao[iau] |  |  |
|  | ou[ou] | iou[iou] |  |  |
| 鼻韵母 | an | ian | uan | üan |
|  | en | in | uen[un] | ün |
|  | ang | iang | uang |  |
|  | eng | ing | ueng |  |
|  |  |  | ong | iong |

注：ong[uŋ]归入合口呼，iong[yŋ]归入撮口呼，都是按它们的实际读音排列的。

# 三、韵母的发音

## （一）单韵母

单韵母的发音主要依靠舌位和唇形来调节变化，各元音的发音之所以不同，是由于舌位的高低、舌位的前后和唇形的圆展这三个条件各不相同。

(1)舌位的高低。舌位的高低是指发音时，舌面和上腭之间的远近距离，通常分为高、半高、半低、低四度。七个舌面元音的舌位分布情况是：

高元音：i、u、ü，发音时，舌面离上腭最近，口腔开合度最小。

半高元音：o、e，发音时，舌面离上腭较近，口腔开合度较小。

半低元音：ê，发音时，舌面离上腭较远，口腔开合度较大。

低元音：a，发音时，舌面离上腭最远，口腔开合度最大。

（2）舌位的前后。舌位的前后是指舌面隆起部位的前后。通常分为前、央、后三度。七个舌面元音舌位前后的分布情况为：

前元音：i、ü、ê，发音时，舌面前部隆起。

央元音：a，发音时，舌面中部隆起。

后元音：u、o、e，发音时，舌面后部隆起。

（3）唇形的圆展。唇形的圆展是指发音时嘴唇的圆与不圆。根据这一特点，七个舌面元音可以分为以下两类：

圆唇元音：ü、u、o，发音时，双唇拢圆，稍向前伸。

不圆唇元音：i、ê、a、e，发音时，双唇自然舒展，稍稍向两侧展开。

根据上面分析元音的三个条件，语言学家绘制了舌面元音舌位示意图（图1-3-1）。通过这个图，我们可以对几个主要的单韵母的发音特点有更直观的了解。

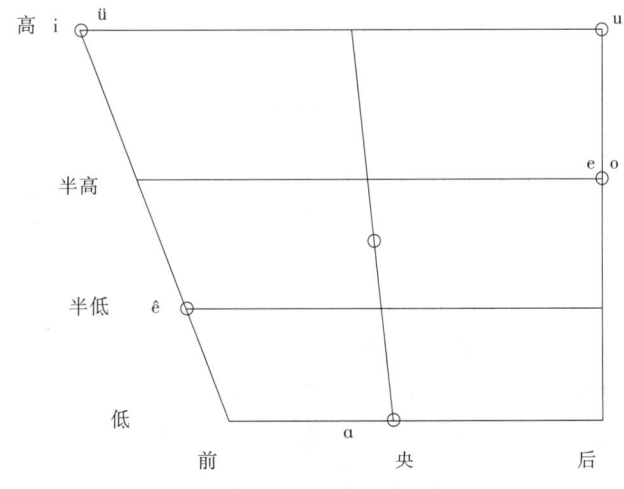

图1-3-1　舌面元音舌位示意图

这幅图是根据各元音发音时舌位在口腔里隆起的最高点确定下来的。图中由左至右表示舌位的从前到后；由下到上表示舌位的由低到高。元音符号标在竖线的左边表明是圆唇元音，标在竖线的右边表明是不圆唇元音。

1. 舌面元音

舌面元音是由舌面起节制作用构成的元音。

a[A]舌面、央、低、不圆唇元音：发音时关闭鼻腔，口腔开合度最大（尤其是后声腔要充分打开，像半打呵欠的样子），整个舌身平铺在口腔的下部；舌尖稍向前移轻抵下齿背，舌面中部微微隆起与上腭共同形成发音的作用点，双唇自然放松，气流和声波颤动后平平地自口腔流出。发音例词：哪怕、喇叭、打靶、大厦、发达、卡拉。

o[ɔ]舌面、后、半高、圆唇元音：发音时关闭鼻腔，口腔半开，舌身后缩，舌尖离开下齿背，舌面后部向软腭隆起，至半高程度，舌头的两边微微卷起，舌中部凹进，双唇略收敛前撮，拢成中圆状；上下唇之间的距离约一指宽；整个口腔用力，气流和声波颤动声带后自口腔流出。发音例词：勃勃、磨墨、破钵、默默、脉脉、薄膜。

e[ɤ]舌面、后、半高、不圆唇元音：发音时关闭鼻腔，口腔半开，舌身后缩，舌尖离开下齿背，舌面后部向软腭隆起至半高程度，舌头中部凹进，两边微微卷起，嘴角向左右稍稍展开，上下唇之间的距离约一指宽；整个口腔用力，气流和声波颤动声带后自口腔流出。舌位的高低、前后与 o 基本相同，只是嘴角要向两边展开。发音例词：各个、苛刻、赫赫、割舍、隔热、社科。

i[i]舌面、前、高、不圆唇元音：发音时关闭鼻腔，口腔开口度小，近于闭合；上下齿对齐，舌叶部位隆起与硬腭前部相对，舌尖抵住下齿背，双唇尽量向左右两边展开呈扁平状、一字形。气流和声波颤动声带后自口腔流出。发音例词：比例、毅力、集体、遗迹、启迪、礼仪。

u[u]舌面、后、高、圆唇元音：发音时软腭带着小舌向后咽壁挺起，关闭鼻腔；口腔近乎闭拢，双唇收缩拢圆（如噘嘴），中间留一小孔，舌身后缩离开下齿背，舌面后部隆起与软、硬腭的交界处相对，舌位在后门腔，气流和声波颤动声带后自口腔流出。发音例词：路途、辅助、服务、督促、树木、故土。

ü[y]舌面、前、高、圆唇元音：发音时关闭鼻腔，口腔近乎闭合；舌尖前伸下垂，紧紧抵住下齿背，舌叶部位隆起与硬腭前部相对，形成窄扁狭长的缝隙；双唇聚拢撮圆，气流和声波颤动声带后自口腔流出。发音例词：聚居、絮语、语序、豫剧、雨具、徐徐。

ê[ɛ]舌面、前、半低、不圆唇元音：发音时关闭鼻腔，口腔半开，上下门齿的距离相当于自己拇指的宽度（或口腔最大的三分之一）；舌尖微触下齿背，舌面前部隆起到半低位置,唇形不圆,嘴角稍向两边展开,气流和声波颤动声带后自口腔流出。ê不能与任何辅音声母直接相拼,主要是与i、ü分别构成复音韵母ie、üe、ê自成音节时,只有一个汉字"欸"。

### 2. 舌尖元音

舌尖元音是由舌尖起节制作用而构成的元音。

-i [ɿ](前)舌尖、前、高、不圆唇元音:开口度、唇形都与舌面元音韵母i相同,但舌的活动部位在舌尖。发音时,舌尖与上齿背相对并保持适当距离,气流通过时不发生摩擦,唇形不圆。比如发"私"字,把音延长,舍去声母s,剩余的音就是-i(前)。-i(前)只出现在z、c、s声母的后面。发音例词:子嗣、刺字、四次、赐死、恣肆、私自。

-i [ʅ](后)舌尖、后、高、不圆唇元音:开口度、唇形与-i(前)相同,发音时,舌尖上翘与硬腭前部相对并保持适当距离,气流通过时不发生摩擦,唇形不圆。比如发"狮"字,把音延长,舍去声母sh,剩余的音就是-i(后)。-i(后)只出现在声母zh、ch、sh、r的后面。发音例词:事实、实质、制止、市尺、值日、誓师。

### 3. 卷舌元音

er [ɚ]卷舌、央、中、不圆唇元音:口形略开,舌位居中,发音时,舌前部上抬,舌尖向后卷和硬腭相对,双唇向两边展开。

《汉语拼音方案》用两个字母描写卷舌元音er,其实r不代表独立的音素,只是一个表示卷舌动作的符号。er不与声母相拼,只能自成音节,汉字中读er的字只有很少的几个,但在儿化韵中,er却发挥着很大的作用。发音例词:而、尔、二、耳、儿。

### (二)复元音韵母

普通话的复元音韵母是复合音的一种,是由一连串元音音素复合而成的。它不是单元音的简单相加,而是一种有机的融合,有高有低,有长有短,有核心的有陪衬的。复韵母发音时,舌位、唇形都在不断变化,即由一个元音的发音状况过渡到另一个元音上。而这种过渡是快速滑动的,发音时各元音之间无间隔停顿,气流连续不中断,整个动程要形成一个自然的整体。普通话的复元音韵母共有十三个。

### 1. 前响复元音韵母(四个)

有ai、ei、ao、ou。前响复元音韵母由两个元音音素构成,无韵头。前一个元音音素是韵腹,叫首音或起点元音,发音响亮、清晰,时间稍长;后一个元音音素叫尾音,轻短、模糊,只表示舌位滑动的方向。前响复元音韵母发音特点是:口腔由开到闭,舌位由低到高,首音向尾音直线型滑动,不能拐弯,气流必须连贯衔接,两个音素之间没有明显的界限,是一个不可分割的整体。发音例词:爱戴、海菜、黑妹、飞贼、高超、跑道、守候、欧洲。

**2.后响复元音韵母(五个)**

有 ia、ie、ua、uo、üe。后响复元音韵母由两个元音音素构成,无韵尾。后一个元音音素发音响亮、清晰,时间稍长;前一个元音音素发音轻短,只表示舌位滑动的起点。后响复韵元音母发音特点是:口腔由闭到开,舌位由高到低,由介音启动到韵腹之间的动程趋向于直线型的过渡,不能拐弯。发音例词:假牙、下嫁、接界、铁屑、花袜、挂花、脱落、懦弱、绝学、雀跃。

**3.中响复元音韵母(四个)**

有 iao、iou、uai、uei。中响复元音韵母韵头、韵腹、韵尾齐全,可以认为是在前响二合元音之前再加上一段由 i 或 u 开始的舌位动程,原来的前响元音仍旧保持自己的特色,最响亮的元音居中,所以叫"中响"。前一个元音读得轻而短,中间的元音读得响而长,收尾的元音读得短而弱,只表示舌位的趋向。中响复元音韵母发音特点是:口腔由闭到开再到闭,共鸣由小到大再到小,舌位由高到低再到高,舌位运作呈曲线型,强调音素之间转换的"滑动"感。发音例词:苗条、调料、悠久、流油、外快、摔坏、归位、灰堆。

### (三)鼻韵母

鼻韵母是由一个或两个元音音素加上一个鼻辅音音素(n 或 ng)构成的韵母。鼻韵母的发音特点是:由口音向鼻音转换,元音开始时不能鼻化,关闭鼻腔通路,待元音清晰响亮地发出后,气流不中断,放松软腭,逐渐将舌的前部或后部抬起与上腭的某一部位成阻,让气流从鼻腔透出,由口音转变为鼻音。元音与辅音的衔接一定要自然连贯,中间不能有拼接的痕迹。

鼻韵母共有十六个,其中前鼻韵母(带舌尖鼻音的)八个,后鼻韵母(带舌根鼻音的)八个。

**1.前鼻韵母(八个)**

有 an、en、in、uen、ün、ian、uan、üan。前鼻韵母由元音加舌尖中鼻音 n 构成。前鼻韵母还可分为两类:一类是由一个元音后面加上鼻尾 n 构成,如 an、en、in、ün。先响亮清晰地发出主要元音,紧接着软腭和小舌放松垂下,鼻音逐渐加强,舌尖往上齿龈移动并抵在上齿龈上,让气流从鼻腔流出,形成鼻音n的态势,口腔动程是直线型的。另一类是由两个元音后面加鼻尾n构成,如uen、ian、uan、üan。先从前面轻短的元音滑向中间响亮的主要元音,紧接着软腭和小舌放松垂下,鼻腔打开,舌尖往上齿龈移动并抵在上齿龈上,让气流从鼻腔流出,口腔动程是曲线型的。发音例词:谈判、沾染、深沉、身份、薪金、音频、逡巡、均匀;伦敦、春笋、简练、显眼、万贯、乱窜、玄远、源泉。

### 2. 后鼻韵母(八个)

有ang、eng、ing、ong、iong、ueng、iang、uang。后鼻韵母由元音加舌根鼻音ng构成,因为ng是舌根音,故也叫它舌根鼻音。后鼻韵母可以分两类:一类是由一个可以作韵腹的元音与鼻音ng构成的,如ang、eng、ing、ong、iong,发音时先发这个主要元音,紧接着口腔缩小,上抬舌根,抵住软腭,形成舌根阻碍,发出鼻音。另一类是由二合元音与鼻音ng构成,如ueng、iang、uang,发音时韵头部分轻短,只表示舌位启动,紧接着发主要元音。主要元音充分展开后,口腔缩小,舌根抬起紧贴软腭,形成舌根阻碍,发出鼻音。发音例词:账房、肮脏、承蒙、横生、经营、领情、充公、纵容、汹涌、炯炯;嗡嗡、强项、两江、双簧、状况。

## 第二节　方言与普通话韵母的差异

韵母在汉语七大方言区中的差异比较大,与普通话相比较而言,差异主要在于以下几方面:

# 一、in、en与ing、eng

## (一)北方方言区in、en与ing、eng的情况

北方方言区内部一致性比较强,彼此之间能够听懂对方的话语,但也有一些区别。

分布在河北、河南、山东、辽宁、吉林、黑龙江等地以及内蒙古部分地区的北方官话一般不存在in、en与ing、eng问题。

分布在山西、陕西、甘肃、青海、宁夏等地以及内蒙古西部地区的西北官话,一

般没有 in、en,鼻化元音丰富。如西安 in、en 里的[n]尾全部丢失而元音鼻化,而 ing、eng 仍与普通话相同,不混。

分布在安徽、江苏两省的长江以北、淮河以南地区(徐州、蚌埠一带除外)以及镇江以上、九江以下长江南岸沿江地带的下江官话(也叫江淮官话),同西南官话一样,只有前鼻音 in、en,没有后鼻音 ing、eng。

分布在四川、重庆、云南、贵州以及湖北(除去东南角)、湖南西北角、广西西北部的西南官话,in、en 与 ing、eng 相混,多半是有前鼻音 in、en,而没有后鼻音 ing、eng。例如把"明星"说成"民心",把"经营"说成"金银"。

### (二)如何区分 n、ng 的发音

要分清前后鼻韵,首先必须掌握好 n、ng 的发音。发 in 时,要注意主要元音 i 舌位不能靠后。先发 i,声音可稍拖长一些,然后舌身保持不动,舌尖迅速点触上齿龈,再发鼻音。发 ing 时,先发 i 音,然后舌头隆起部位迅速由前向后移动,舌根上抬抵住软腭,再发鼻音。在这一过程中,要注意舌位不能降低,即开口度不能过大,否则 i 与 ng 之间会出现央元音 e[ə]的过渡。n 与 ng 的成阻部位,一个在前,一个在后,所以属于北方方言区的西南官话、下江官话的人尤其要注意后鼻音的发音。

学会发音后,我们可用一些方法来记忆哪些字该读前鼻韵 n,哪些字该读后鼻韵音 ng。

#### 1.借助偏旁类推

根据汉字结构的特点,我们可以利用形声字的声旁来推出其他一些相同声旁字的读音。比如"丁"是 ing 韵字,便可推知"疔、叮、仃、盯、钉、酊、顶、订、厅、汀"等字也是 ing 韵字;"朋"是 eng 韵字,便可推知"崩、绷、嘣、蹦、棚、硼、鹏"等也是 eng 韵字。所以,记住"丁、朋"等代表字,就可以帮助我们记住一大批字的读音。

部分韵母偏旁类推字表

#### 2.记少不记多

在前后鼻韵母相对应的两组字中,往往是一组字多些,一组字少些,而我们只需记住少的那组字即可。比如 zen 组字只有"怎、谮"两个字,而 zeng 组字有"曾、憎、增、罾、缯、缯、甑、锃、赠"等,那么,我们只需要记住"怎、谮",自然就知道与它相

对应的另一组字是后鼻韵 eng。又如 pen 组字只有"喷、盆、湓"三个,记住它们,就知道对应的另一组字都是后鼻音 eng 韵字。

3.利用声韵配合规律记忆

在普通话中,声母 d、t、l 几乎不能跟前鼻韵 en 相拼(d 与 en 相拼只有一个字"扥",t、l 无字),只能跟后鼻韵 eng 相拼。掌握这条规律,就能知道"灯、登、噔、蹬、簦、等、戥、瞪、凳;誊、腾、滕、藤、疼;棱、冷、楞、愣"等一大批字都应读 eng 韵。

## 二、o 与 e、uo

北方方言区的次方言西南官话地区的成都、重庆、贵阳、昆明等地没有 uo 韵,普通话的 uo 韵字,在这些地区几乎全读成 o 韵。东北方言、江淮方言里也出现了混淆。山东、安徽等地大多用 o 不用 e,东北话则将该用 o 的用成 e,江淮一些市县方言里,把"玻、歌、锅"等都读成了 uo 韵。o、e 是单韵母,uo 是后响复元音韵母。

所以这些方言区的人必须学会 uo 的发音。uo 是单元音 u 向单元音 o 滑动而成的,口形舌位有变化,口形由较小到较大变动,舌位由高到半高连续变化。o 转化为普通话 e 或 uo 的规律是:o 与舌根音声母 g、k、h 相拼的大部分音节以及零声母音节("噢""哦"两字除外),应该转读为普通话的 e;与所有的舌尖音声母相拼的音节和舌根音声母相拼的部分音节,应转读为普通话的 uo。普通话的 o 只跟 b、p、m、f 相拼。e 除了轻声"么"(me)之外,也无唇音声母的字。

## 三、丢失或添加韵头 u

普通话的 uo 韵字,在西南、江淮方言中一律没有 u 韵头。比如成都话的"多、锅、窝"都读为 o 韵。

普通话在 n、l 声母后有 ei 无 uei,而北方话多数地区在 n、l 声母后有 uei 无 ei,多加了一个韵头 u。如成都、重庆"内、擂、累"韵母都读为 uei,太原、西安、兰州、昆明、南京、扬州等地情况相同。

西南官话中湖北大部分地区在舌尖音后有 ei 无 uei,有 an 无 uan,丢掉韵头 u。如"内、擂、对、退、罪、脆、岁"等均读为 ei 韵母;"短、暖、算"等读为 an 韵母。普通话中在舌尖前音后的 uen 韵字,西南地区除昆明一律是合口的 uẽ 韵之外,其他地区一般是有 en 无 uen,丢掉韵头 u。如"顿、论、村、孙"等 uen 韵都读为 en 韵。

## 第三节　普通话韵母训练

### 一、韵母基础训练

#### (一)韵母知识思考练习

1.按舌位高低可将舌面元音分为哪几种？举例说明。
2.按舌位的前后可将舌面元音分为哪几种？举例说明。
3.按唇形的圆展可将舌面元音分为哪几种？举例说明。
4.o的发音与uo有什么不同？
5.比较-i(前)和-i(后)的异同。
6.用汉语拼音写出下列韵母。

　　舌面、后、半高、圆唇元音。　　　(　　　)
　　舌面、央、低、不圆唇元音。　　　(　　　)
　　舌尖、后、高、不圆唇元音。　　　(　　　)
　　舌面、前、高、不圆唇元音。　　　(　　　)
　　舌面、前、半低、不圆唇元音。　　(　　　)
　　卷舌、央、中、不圆唇元音。　　　(　　　)

7.说出下列各组韵母发音的主要区别。

　　i—ü　　　a—o　　　ie—üe　　　en—eng　　　iao—uei

8.分析下列韵母中的韵头、韵腹、韵尾。

　　u　ia　üe　eng　uang　er　uai　iong　iou　üan

9.下面这首诗,包括了普通话的所有韵母,请写出每个字的韵母。

捕　鱼　歌

　　人远江空夜,浪滑一舟轻。
　　儿咏欸唷调,橹和嗳啊声。
　　网罩波心月,竿穿水面云。
　　鱼虾留瓮内,快活四时春。

10.按要求对下列诗句中的音节韵母进行归类,符合要求的字画上圈。

前鼻韵:秦时明月汉时关,万里长征人未还。但使龙城飞将在,不教胡马度阴山。

后鼻韵:葡萄美酒夜光杯,欲饮琵琶马上催。醉卧沙场君莫笑,古来征战几人回。

复元音韵母:朝辞白帝彩云间,千里江陵一日还。两岸猿声啼不住,轻舟已过万重山。

单韵母:君问归期未有期,巴山夜雨涨秋池。何当共剪西窗烛,却话巴山夜雨时。

11.朗读短文并写出下列带"·"字的韵母。

下雪(　)了,雪下得真大(　),雪花(　)儿像鹅毛(　)一样从天上飘(　)下来,落(　)在山(　)上。田野(　)里、房子上、大树上,盖(　)了一层(　),又盖上一层,全是白茫茫(　)的了。

五只深赭色(　)的荸荠(　),准确(　)地说,四只半(　):有一只荸荠,主人咬(　)了一半儿,那半只,连(　)着蒂(　)儿,竖在小木屋(　)上,素裹(　)着皎洁(　)的月(　)色,俨然(　)似一座(　)纤维(　)的金(　)字塔。

村边(　),老槐(　)树下杂院(　)里住着两(　)户老大娘(　),村里人都管(　)她俩叫(　)四婶(　)儿、五婶儿。年轻(　)时,俩妯娌(　)曾(　)在一个锅(　)里捞(　)勺子(　),后来分(　)开过(　),现在都(　)儿大成(　)人(　),当(　)上婆婆抱(　)孙孙(　)了。

杏(　)儿黄(　),麦(　)上场(　)。场边儿那几棵(　)荷(　)包杏儿,还在离核儿(　)转色(　),队长就操持(　)着轧(　)好了场。新(　)轧好的场,又宽敞(　)又豁亮(　),平整(　)光洁(　)得像面(　)大镜(　)子。

12.读一读,找一找。

(1)请找出下面韵母是ing的字。

新 倾 竟 津 平 民 兵 令 凌 进 近 侵 丁 轻 名 姻 品 心 定 林 另 性 星 临 宾 巾 病 兴 行 音 醒 勤 影 请 尽 硬 隐 灵

(2)请找出下面韵是eng的字。

真 冷 承 根 仁 申 抨 澎 刃 肯 崩 争 贞 衡 深 亘 分 振 生 正

（3）请找出下面韵母不是ong的字。

蹦　通　萌　虫　弄　朋　东　风　蒙　共　翁　送　奉

（4）请找出下面韵母是齐齿呼的字。

介　该　军　钱　云　街　现　湾　拱　答　解　尬　剧

## （二）韵母读音练习

### 1. 单韵母词语朗读训练

| | | | | |
|---|---|---|---|---|
| a | 打杂 dǎzá | 挞伐 tàfá | 砝码 fǎmǎ | 腊八 Làbā |
| | 打岔 dǎchà | 哈达 hǎdá | 蛤蟆 háma | 蚂蚱 màzha |
| o | 磨破 mópò | 脉脉 mòmò | 磨墨 mómò | 剥破 bōpò |
| | 伯伯 bóbo | 婆婆 pópo | 默默 mòmò | 摸佛 mōfó |
| e | 热河 rèhé | 各色 gèsè | 折射 zhéshè | 可乐 kělè |
| | 特色 tèsè | 塞责 sèzé | 合辙 hézhé | 这个 zhège |
| i | 底细 dǐxì | 提议 tíyì | 体积 tǐjī | 绮丽 qǐlì |
| | 习题 xítí | 犀利 xīlì | 棋迷 qímí | 立体 lìtǐ |
| u | 屠戮 túlù | 孤独 gūdú | 复出 fùchū | 吐露 tǔlù |
| | 服务 fúwù | 朴素 pǔsù | 图书 túshū | 嘱咐 zhǔfù |
| ü | 序曲 xùqǔ | 渔具 yújù | 语序 yǔxù | 豫剧 yùjù |
| | 絮语 xùyǔ | 区域 qūyù | 屈居 qūjū | 聚居 jùjū |
| -i（前） | 刺死 cìsǐ | 次子 cìzǐ | 私自 sīzì | 孜孜 zīzī |
| | 自私 zìsī | 四次 sìcì | 刺字 cìzì | 赐死 cìsǐ |
| -i（后） | 制止 zhìzhǐ | 世事 shìshì | 食指 shízhǐ | 志士 zhìshì |
| | 时日 shírì | 直至 zhízhì | 值日 zhírì | 实质 shízhì |
| er | 二胡 èrhú | 耳目 ěrmù | 儿歌 érgē | 洱海 Ěr Hǎi |
| | 而且 érqiě | 儿女 érnǚ | 遐迩 xiáěr | 诱饵 yòuěr |

### 单韵母综合训练

| | | | |
|---|---|---|---|
| 八股 bāgǔ | 魔术 móshù | 模拟 mónǐ | 可耻 kěchǐ |
| 布帛 bùbó | 大意 dàyi | 默许 mòxǔ | 法则 fǎzé |
| 发育 fāyù | 河马 hémǎ | 合法 héfǎ | 巴黎 Bālí |
| 合计 héjì | 歌曲 gēqǔ | 菊色 júsè | 客气 kèqi |
| 克服 kèfú | 刻薄 kèbó | 拘束 jūshù | 取齐 qǔqí |

| 取出 qǔchū | 局促 júcù | 曲折 qūzhé | 基础 jīchǔ |
| 入耳 rù'ěr | 顾忌 gùjì | 舞女 wǔnǚ | 抚育 fǔyù |
| 预示 yùshì | 合著 hézhù | 主意 zhǔyi | 末日 mòrì |
| 持续 chíxù | 朱砂 zhūshā | 丝织 sīzhī | 富裕 fùyù |
| 欺诈 qīzhà | 致使 zhìshǐ | 值此 zhícǐ | 职责 zhízé |
| 芝麻 zhīma | 主持 zhǔchí | 涉及 shèjí | 时日 shírì |
| 薄利 bólì | 孤独 gūdú | 设施 shèshī | 实际 shíjì |
| 阿谀 ēyú | 湖泊 húpō | 耳熟 ěrshú | 木器 mùqì |

### 2. 复元音韵母词语朗读训练

| | | | | |
|---|---|---|---|---|
| ai | 债台 zhàitái | 开采 kāicǎi | 采摘 cǎizhāi | 摆开 bǎikāi |
| | 代卖 dàimài | 还在 háizài | 开赛 kāisài | 买菜 mǎicài |
| ei | 赔给 péigěi | 配备 pèibèi | 北非 Běi Fēi | 飞贼 fēizéi |
| | 菲菲 fēifēi | 蓓蕾 bèilěi | 贝类 bèilèi | 北美 Běi Měi |
| ao | 搞好 gǎohǎo | 操劳 cāoláo | 嚎啕 háotáo | 号召 hàozhào |
| | 高潮 gāocháo | 报道 bàodào | 抛锚 pāomáo | 骚扰 sāorǎo |
| ou | 守候 shǒuhòu | 手头 shǒutóu | 后周 Hòu Zhōu | 佝偻 gōulóu |
| | 收手 shōushǒu | 狗肉 gǒuròu | 豆蔻 dòukòu | 漏斗 lòudǒu |
| ia | 恰恰 qiàqià | 下嫁 xiàjià | 贾家 Jiǎjiā | 下压 xiàyā |
| | 加价 jiājià | 假牙 jiǎyá | 压价 yājià | 瞎掐 xiāqiā |
| ie | 斜街 xiéjiē | 姐姐 jiějie | 铁鞋 tiěxié | 鞋业 xiéyè |
| | 趔趄 lièqie | 贴切 tiēqiè | 结业 jiéyè | 谢谢 xièxie |
| ua | 娃娃 wáwa | 挖垮 wākuǎ | 画画 huàhuà | 抓蛙 zhuāwā |
| | 挂花 guàhuā | 瓜花 guāhuā | 花袜 huāwà | 耍滑 shuǎhuá |
| uo | 蹉跎 cuōtuó | 罗锅 luóguō | 骆驼 luòtuo | 做作 zuòzuo |
| | 火锅 huǒguō | 哆嗦 duōsuo | 懦弱 nuòruò | 阔绰 kuòchuò |
| üe | 月缺 yuèquē | 决绝 juéjué | 缺血 quēxiě | 雪月 xuěyuè |
| | 约略 yuēlüè | 绝学 juéxué | 雀跃 quèyuè | 缺略 quēlüè |
| iao | 逍遥 xiāoyáo | 调教 tiáojiào | 飘渺 piāomiǎo | 窈窕 yǎotiáo |
| | 萧条 xiāotiáo | 飘摇 piāoyáo | 娇小 jiāoxiǎo | 脚镣 jiǎoliào |
| iou | 求救 qiújiù | 流油 liúyóu | 绣球 xiùqiú | 旧友 jiùyǒu |

|  |  |  |  |  |
|---|---|---|---|---|
|  | 琉球 liúqiú | 优秀 yōuxiù | 牛油 niúyóu | 悠久 yōujiǔ |
| uai | 拽坏 zhuàihuài | 外快 wàikuài | 怀揣 huáichuāi | 摔坏 shuāihuài |
|  | 乖乖 guāiguai | 踹坏 chuàihuài | 快拽 kuàizhuài | 外拐 wàiguǎi |
| uei | 崔嵬 cuīwéi | 回嘴 huízuǐ | 未遂 wèisuì | 追悔 zhuīhuǐ |
|  | 推诿 tuīwěi | 回味 huíwèi | 垂危 chuíwēi | 汇兑 huìduì |

**复元音韵母综合训练**

| | | | |
|---|---|---|---|
| 白费 báifèi | 派别 pàibié | 谋求 móuqiú | 押解 yājiè |
| 北斗 Běidǒu | 胚胎 pēitāi | 悲哀 bēi'āi | 排列 páiliè |
| 内债 nèizhài | 娇柔 jiāoróu | 报仇 bàochóu | 肥皂 féizào |
| 野兽 yěshòu | 暧昧 àimèi | 嫁接 jiàjiē | 购买 gòumǎi |
| 筹备 chóubèi | 走过 zǒuguò | 守备 shǒubèi | 掉队 diàoduì |
| 国家 guójiā | 接洽 jiēqià | 郊游 jiāoyóu | 稿费 gǎofèi |
| 幼苗 yòumiáo | 枷锁 jiāsuǒ | 内胎 nèitāi | 下来 xiàlái |
| 稿酬 gǎochóu | 表率 biǎoshuài | 外汇 wàihuì | 火花 huǒhuā |
| 报头 bàotóu | 化学 huàxué | 鞋帽 xiémào | 描绘 miáohuì |
| 华夏 huáxià | 结果 jiéguǒ | 翠鸟 cuìniǎo | 活跃 huóyuè |
| 摔跤 shuāijiāo | 学业 xuéyè | 诱拐 yòuguǎi | 瓦解 wǎjiě |
| 雪茄 xuějiā | 怀表 huáibiǎo | 扫描 sǎomiáo | 跳水 tiàoshuǐ |
| 校友 xiàoyǒu | 推销 tuīxiāo | 毁坏 huǐhuài | 推导 tuīdǎo |
| 解决 jiějué | 萧索 xiāosuǒ | 歪斜 wāixié | 得救 déjiù |
| 交流 jiāoliú | 脱落 tuōluò | 花草 huācǎo | 确凿 quèzáo |

**3. 鼻韵母词语朗读训练**

（1）前鼻音韵母

| | | | | |
|---|---|---|---|---|
| an | 谈判 tánpàn | 烂漫 lànmàn | 展览 zhǎnlǎn | 斑斓 bānlán |
|  | 赞叹 zàntàn | 男篮 nánlán | 蹒跚 pánshān | 难看 nánkàn |
| en | 沉闷 chénmèn | 本分 běnfèn | 审慎 shěnshèn | 身份 shēnfèn |
|  | 根本 gēnběn | 婶婶 shěnshen | 振奋 zhènfèn | 门诊 ménzhěn |
|  | 嫩根 nèngēn | 深圳 shēnzhèn | 闷闷 mènmèn | 神人 shénrén |
|  | 本身 běnshēn | 真身 zhēnshēn | 分神 fēnshén | 沉沉 chénchén |
|  | 涔涔 céncén | 人参 rénshēn | 妊娠 rènshēn | 深沉 shēnchén |

| | | | | |
|---|---|---|---|---|
| ian | 年鉴 niánjiàn | 片面 piànmiàn | 连绵 liánmián | 前线 qiánxiàn |
| | 偏见 piānjiàn | 惦念 diànniàn | 沿线 yánxiàn | 鲜艳 xiānyàn |
| in | 信心 xìnxīn | 濒临 bīnlín | 拼音 pīnyīn | 新近 xīnjìn |
| | 贫民 pínmín | 尽心 jìnxīn | 殷勤 yīnqín | 音频 yīnpín |
| | 姻亲 yīnqīn | 薪金 xīnjīn | 心劲 xīnjìn | 凛凛 lǐnlǐn |
| | 民心 mínxīn | 近亲 jìnqīn | 勤谨 qínjǐn | 仅仅 jǐnjǐn |
| uan | 婉转 wǎnzhuǎn | 专断 zhuānduàn | 传唤 chuánhuàn | 宦官 huànguān |
| | 转换 zhuǎnhuàn | 万贯 wànguàn | 换算 huànsuàn | 玩转 wánzhuàn |
| uen | 温存 wēncún | 昆仑 kūnlún | 春笋 chūnsǔn | 困顿 kùndùn |
| | 论文 lùnwén | 谆谆 zhūnzhūn | 混沌 hùndùn | 温顺 wēnshùn |
| üan | 全选 quánxuǎn | 渊源 yuānyuán | 眷眷 juànjuàn | 轩辕 xuānyuán |
| | 源泉 yuánquán | 全权 quánquán | 涓涓 juānjuān | 圆圈 yuánquān |
| ün | 芸芸 yúnyún | 逡巡 qūnxún | 军训 jūnxùn | 均匀 jūnyún |
| | 寻君 xúnjūn | 菌群 jùnqún | 熏晕 xūnyūn | 循循 xúnxún |

**前鼻音韵母综合训练**

| | | | |
|---|---|---|---|
| 询问 xúnwèn | 云南 Yúnnán | 元旦 yuándàn | 根源 gēnyuán |
| 新闻 xīnwén | 兼任 jiānrèn | 观点 guāndiǎn | 完满 wánmǎn |
| 典范 diǎnfàn | 训练 xùnliàn | 怜悯 liánmǐn | 缓慢 huǎnmàn |
| 谨慎 jǐnshèn | 匀称 yúnchèn | 分担 fēndān | 选民 xuǎnmín |
| 千金 qiānjīn | 劝勉 quànmiǎn | 前进 qiánjìn | 鲜嫩 xiānnèn |
| 频繁 pínfán | 判断 pànduàn | 变幻 biànhuàn | 村镇 cūnzhèn |
| 全面 quánmiàn | 森林 sēnlín | 田园 tiányuán | 阵线 zhènxiàn |
| 反问 fǎnwèn | 边缘 biānyuán | 传闻 chuánwén | 云鬓 yúnbìn |
| 辛酸 xīnsuān | 冠军 guànjūn | 民间 mínjiān | 圆润 yuánrùn |
| 范文 fànwén | 轮船 lúnchuán | 安全 ānquán | 联欢 liánhuān |
| 谦逊 qiānxùn | 连环 liánhuán | 诊断 zhěnduàn | 简单 jiǎndān |
| 人民 rénmín | 面粉 miànfěn | 新闻 xīnwén | 患难 huànnàn |
| 圆满 yuánmǎn | 针尖 zhēnjiān | 问讯 wènxùn | 难免 nánmiǎn |
| 纤尘 xiānchén | 人参 rénsēn | 稳健 wěnjiàn | 衬衫 chènshān |

**（2）后鼻音韵母**

| | | | | |
|---|---|---|---|---|
| ang | 帮忙 bāngmáng | 苍茫 cāngmáng | 行当 hángdàng | 放荡 fàngdàng |

|  |  |  |  |  |
|---|---|---|---|---|
|  | 荡漾 dàngyàng | 上场 shàngchǎng | 账房 zhàngfáng | 琅珰 lángdāng |
| eng | 更正 gēngzhèng | 承蒙 chéngméng | 逞能 chěngnéng | 丰盛 fēngshèng |
|  | 生成 shēngchéng | 升腾 shēngténg | 风筝 fēngzheng | 省城 shěngchéng |
|  | 萌生 méngshēng | 蒸腾 zhēngténg | 风声 fēngshēng | 更生 gēngshēng |
|  | 乘风 chéngfēng | 整风 zhěngfēng | 能撑 néngchēng | 称秤 chēngchèng |
| iang | 想象 xiǎngxiàng | 洋相 yángxiàng | 湘江 Xiāng Jiāng | 亮相 liàngxiàng |
|  | 强将 qiángjiàng | 粮饷 liángxiǎng | 踉跄 liàngqiàng | 响亮 xiǎngliàng |
| ing | 叮咛 dīngníng | 聆听 língtīng | 兵营 bīngyíng | 秉性 bǐngxìng |
|  | 并行 bìngxíng | 零星 língxīng | 清明 qīngmíng | 警醒 jǐngxǐng |
|  | 行径 xíngjìng | 蜻蜓 qīngtíng | 灵性 língxìng | 倾听 qīngtīng |
|  | 定性 dìngxìng | 酩酊 mǐngdǐng | 伶仃 língdīng | 姓名 xìngmíng |
|  | 惊醒 jīngxǐng | 精明 jīngmíng | 菱形 língxíng | 宁静 níngjìng |
| uang | 狂妄 kuángwàng | 状况 zhuàngkuàng | 网状 wǎngzhuàng | 汪汪 wāngwāng |
|  | 窗框 chuāngkuàng | 矿床 kuàngchuáng | 双簧 shuānghuáng | 往往 wǎngwǎng |
| ueng | 瓮城 wèngchéng | 嗡嗡 wēngwēng | 水瓮 shuǐwèng | 老翁 lǎowēng |
| ong | 从容 cóngróng | 通融 tōngróng | 洪钟 hóngzhōng | 恐龙 kǒnglóng |
|  | 轰隆 hōnglóng | 瞳孔 tóngkǒng | 隆重 lóngzhòng | 共同 gòngtóng |
| iong | 汹涌 xiōngyǒng | 炯炯 jiǒngjiǒng | 熊熊 xióngxióng | 穷凶 qióngxiōng |
|  | 迥异 jiǒngyì | 雄熊 xióngxióng | 窘况 jiǒngkuàng | 汹汹 xiōngxiōng |

**后鼻音韵母综合训练**

|  |  |  |  |
|---|---|---|---|
| 锋芒 fēngmáng | 象征 xiàngzhēng | 钢精 gāngjīng | 装订 zhuāngdìng |
| 铿锵 kēngqiāng | 强硬 qiángyìng | 声望 shēngwàng | 帮凶 bāngxiōng |
| 旺盛 wàngshèng | 梦境 mèngjìng | 刚劲 gāngjìng | 同盟 tóngméng |
| 掌声 zhǎngshēng | 勇猛 yǒngměng | 光荣 guāngróng | 聪明 cōngmíng |
| 通令 tōnglìng | 空旷 kōngkuàng | 明朗 mínglǎng | 境况 jìngkuàng |
| 英雄 yīngxióng | 雄壮 xióngzhuàng | 景仰 jǐngyǎng | 佣工 yōnggōng |
| 正常 zhèngcháng | 航空 hángkōng | 熊掌 xióngzhǎng | 横行 héngxíng |
| 恒星 héngxīng | 征用 zhēngyòng | 曾经 céngjīng | 东风 dōngfēng |
| 统领 tǒnglǐng | 涌动 yǒngdòng | 静养 jìngyǎng | 声望 shēngwàng |
| 锋芒 fēngmáng | 广场 guǎngchǎng | 兴盛 xīngshèng | 命名 mìngmíng |
| 承应 chéngyìng | 党龄 dǎnglíng | 英名 yīngmíng | 东城 dōngchéng |

| | | | |
|---|---|---|---|
| 香橙 xiāngchéng | 兵营 bīngyíng | 承当 chéngdāng | 形成 xíngchéng |
| 平静 píngjìng | 行营 xíngyíng | 争鸣 zhēngmíng | 荧屏 yíngpíng |
| 升平 shēngpíng | 精灵 jīnglíng | 影响 yǐngxiǎng | 听凭 tīngpíng |

(3)前后鼻音韵母综合训练

| | | | |
|---|---|---|---|
| 酣畅 hānchàng | 安康 ānkāng | 成本 chéngběn | 清贫 qīngpín |
| 春光 chūnguāng | 肯定 kěndìng | 罄尽 qìnjìn | 僧人 sēngrén |
| 荏苒 rěnrǎn | 挺身 tǐngshēn | 蒙混 ménghùn | 身旁 shēnpáng |
| 亲朋 qīnpéng | 盼望 pànwàng | 荡然 dàngrán | 方音 fāngyīn |
| 反映 fǎnyìng | 伸张 shēnzhāng | 欣幸 xīnxìng | 精深 jīngshēn |
| 认证 rènzhèng | 慌乱 huāngluàn | 浪漫 làngmàn | 伞兵 sǎnbīng |
| 缆绳 lǎnshéng | 慎重 shènzhòng | 原谅 yuánliàng | 难民 nànmín |
| 黄昏 huánghūn | 惯性 guànxìng | 缅想 miǎnxiǎng | 繁忙 fánmáng |
| 昏庸 hūnyōng | 勇敢 yǒnggǎn | 嗓音 sǎngyīn | 淡忘 dànwàng |
| 蚕桑 cánsāng | 丧命 sàngmìng | 品评 pǐnpíng | 前锋 qiánfēng |
| 端正 duānzhèng | 倾盆 qīngpén | 闲逛 xiánguàng | 赶场 gǎnchǎng |
| 青筋 qīngjīn | 幡然 fānrán | 真名 zhēnmíng | 身长 shēncháng |
| 简明 jiǎnmíng | 玩命 wánmìng | 耕耘 gēngyún | 汗衫 hànshān |
| 明显 míngxiǎn | 顺境 shùnjìng | 残生 cánshēng | 陷坑 xiànkēng |
| 乾隆 qiánlóng | 申明 shēnmíng | 新名 xīnmíng | 山岭 shānlǐng |

## (三)韵母正音练习

### 1.分清前后鼻音母 in-ing

(1)词语朗读训练

| | | | |
|---|---|---|---|
| 信心 xìnxīn | 临近 línjìn | 林荫 línyīn | 辛勤 xīnqín |
| 亲临 qīnlín | 音信 yīnxìn | 民进 mínjìn | 尽心 jìnxīn |
| 拼音 pīnyīn | 引进 yǐnjìn | 濒临 bīnlín | 紧邻 jǐnlín |
| 殷勤 yīnqín | 彬彬 bīnbīn | 贫民 pínmín | 凛凛 lǐnlǐn |
| 沁心 qìnxīn | 薪金 xīnjīn | 冰凌 bīnglíng | 零星 língxīng |
| 禀性 bǐngxìng | 定型 dìngxíng | 轻盈 qīngyíng | 领情 lǐngqíng |
| 庆幸 qìngxìng | 影评 yǐngpíng | 晶莹 jīngyíng | 倾听 qīngtīng |

上编 普通话及训练

| 平静 píngjìng | 情景 qíngjǐng | 经营 jīngyíng | 命令 mìnglìng |
|---|---|---|---|
| 命名 mìngmíng | 精英 jīngyīng | 荧屏 yíngpíng | 宁静 níngjìng |
| 精明 jīngmíng | 性情 xìngqíng | | |

in-ing 组合训练

| 禁令 jìnlìng | 心灵 xīnlíng | 民警 mínjǐng | 聘请 pìnqǐng |
|---|---|---|---|
| 新颖 xīnyǐng | 心情 xīnqíng | 拼命 pīnmìng | 民兵 mínbīng |
| 尽情 jìnqíng | 引擎 yǐnqíng | 阴影 yīnyǐng | 心境 xīnjìng |
| 银杏 yínxìng | 新星 xīnxīng | 停薪 tíngxīn | 病因 bìngyīn |
| 平心 píngxīn | 清新 qīngxīn | 平民 píngmín | 行进 xíngjìn |
| 应聘 yìngpìn | 灵敏 língmǐn | 挺进 tǐngjìn | 凭信 píngxìn |
| 定亲 dìngqīn | 倾心 qīngxīn | 评薪 píngxīn | 令亲 lìngqīn |

(2) 对比辨音练习

音译 yīnyì——英译 yīngyì　　银河 yínhé——迎合 yínghé

心细 xīnxì——星系 xīngxì　　进化 jìnhuà——净化 jìnghuà

心静 xīnjìng——行径 xíngjìng　　人民 rénmín——任命 rènmìng

亲生 qīnshēng——轻声 qīngshēng　　心腹 xīnfù——幸福 xìngfú

平信 píngxìn——平行 píngxíng　　禁止 jìnzhǐ——景致 jǐngzhì

频繁 pínfán——平反 píngfǎn　　今音 jīnyīn——经营 jīngyíng

金鱼 jīnyú——鲸鱼 jīngyú　　探亲 tànqīn——谈情 tánqíng

侵蚀 qīnshí——轻视 qīngshì　　今昔 jīnxī——京戏 jīngxì

尽头 jìntóu——镜头 jìngtóu　　引文 yǐnwén——英文 yīngwén

尽职 jìnzhí——径直 jìngzhí　　水滨 shuǐbīn——水兵 shuǐbīng

(3) 绕口令朗读练习

GUA JIN LING
① 挂　金　铃

Dòng tíng shān shang yī gēn téng,
　洞　庭　山　上　一　根　藤,

Téng shang guà ge dà jīn líng,
　藤　上　挂　个　大　金　铃,

Fēng qǐ téng dòng jīn líng xiǎng,
　风　起　藤　动　金　铃　响,

Fēng xī téng dìng jīn líng tíng.
风 息 藤 定 金 铃 停。

### XIAO QING HE XIAO QIN
② 小 青 和 小 琴

Xiǎo Qīng hé Xiǎo Qín,
小 青 和 小 琴,

Xiǎo Qín shǒu hěn qín,
小 琴 手 很 勤,

Xiǎo Qīng rén hěn jīng,
小 青 人 很 精,

Shǒu qín rén jīng,
手 勤 人 精,

Nǐ xué Xiǎo Qín hái shi Xiǎo Qīng?
你 学 小 琴 还是 小 青?

### REN MING YU REN MING
③ 任 命 与 人 名

Rèn mìng shì rèn mìng,
任 命 是 任 命,

Rén míng shì rén míng.
人 名 是 人 名。

Rèn mìng、rén míng bù néng cuò,
任 命、人 名 不 能 错,

Cuò le rén míng jiù xià cuò le rèn mìng.
错 了 人 名 就 下 错 了 任 命。

### YIN YING MIN YU YING YIN MING
④ 殷 英 敏 与 应 尹 明

Dōng zhuāng zhù zhe ge Yīn Yīng mǐn,
东 庄 住 着 个 殷 英 敏,

Xī zhuāng zhù zhe ge Yīng Yǐn míng.
西 庄 住 着 个 应 尹 明。

Yīng Yǐn míng wā qiū yǐn,
应 尹 明 挖 蚯 蚓,

Yīn Yīng mǐn zhuā cāng ying,
殷 英 敏 抓 苍 蝇,

Bù guǎn tiān yīn huò tiān qíng,
不 管 天 阴 或 天 晴,

Liǎng rén gōng zuò dōu bù tíng.
两 人 工 作 都 不 停。

Wèi le bǐ xīn qín,
为 了 比 辛 勤,

Liǎng rén tōng le xìn,
两 人 通 了 信,

Yào kàn shéi xíng shéi bù xíng.
要 看 谁 行 谁 不 行。

Bù zhī shì Yīn Yīng mǐn de cāng ying duō guò Yīng Yǐn míng de qiū yǐn,
不 知 是 殷 英 敏 的 苍 蝇 多 过 应 尹 明 的 蚯 蚓,

Hái shi Yīng Yǐn míng de qiū yǐn duō guò Yīn Yīng mǐn de cāng ying.
还 是 应 尹 明 的 蚯 蚓 多 过 殷 英 敏 的 苍 蝇。

**2. 分清 en-eng**

(1)词语朗读训练

| | | | |
|---|---|---|---|
| 沉闷 chénmèn | 分身 fēnshēn | 珍本 zhēnběn | 门诊 ménzhěn |
| 妊娠 rènshēn | 根深 gēnshēn | 很沉 hěnchén | 岑参 cénsēn |
| 苯酚 běnfēn | 本人 běnrén | 深圳 shēnzhèn | 本分 běnfèn |
| 身份 shēnfèn | 人参 rénshēn | 认真 rènzhēn | 粉尘 fěnchén |
| 愤恨 fènhèn | 分神 fēnshén | 嫩根 nèngēn | 深沉 shēnchén |
| 真人 zhēnrén | 门神 ménshén | 审慎 shěnshèn | 愤懑 fènmèn |
| 风筝 fēngzheng | 奉承 fèngcheng | 省城 shěngchéng | 丰盛 fēngshèng |
| 蒸腾 zhēngténg | 声称 shēngchēng | 逞能 chěngnéng | 灯绳 dēngshéng |
| 鹏程 péngchéng | 风声 fēngshēng | 征程 zhēngchéng | 乘胜 chéngshèng |
| 增生 zēngshēng | 更生 gēngshēng | 升腾 shēngténg | 萌生 méngshēng |

en—eng组合训练

| | | | |
|---|---|---|---|
| 真诚 zhēnchéng | 渗坑 shènkēng | 声门 shēngmén | 猛喷 měngpēn |
| 纷争 fēnzhēng | 人称 rénchēng | 整人 zhěngrén | 风尘 fēngchén |

| 城镇 chéngzhèn | 成本 chéngběn | 横亘 hénggèn | 真正 zhēnzhèng |
| 胜任 shèngrèn | 缝纫 féngrèn | 诚恳 chéngkěn | 奔腾 bēnténg |
| 认生 rènshēng | 登门 dēngmén | 承认 chéngrèn | 本能 běnnéng |
| 门生 ménshēng | 文风 wénfēng | 生根 shēnggēn | 烹饪 pēngrèn |
| 风神 fēngshén | 神圣 shénshèng | 成分 chéngfèn | 捧哏 pěnggén |
| 省份 shěngfèn | 深层 shēncéng | 冷门 lěngmén | 能人 néngrén |
| 生辰 shēngchén | 焚风 fénfēng | 门缝 ménfèng | 证人 zhèngrén |

(2)对比辨音练习

长针 chángzhēn——长征 chángzhēng  　深洞 shēndòng——生动 shēngdòng
分赴 fēnfù——丰富 fēngfù  　三根 sāngēn——三更 sāngēng
陈腐 chénfǔ——城府 chéngfǔ  　伸张 shēnzhāng——声张 shēngzhāng
门面 ménmiàn——蒙面 méngmiàn  　清真 qīngzhēn——清蒸 qīngzhēng
陈旧 chénjiù——成就 chéngjiù  　真理 zhēnlǐ——争理 zhēnglǐ
木盆 mùpén——木棚 mùpéng  　身世 shēnshì——盛世 shèngshì
人参 rénshēn——人生 rénshēng  　真挚 zhēnzhì——争执 zhēngzhí
时针 shízhēn——时政 shízhèng  　绅士 shēnshì——生事 shēngshì
申明 shēnmíng——声明 shēngmíng  　瓜分 guāfēn——刮风 guāfēng
诊治 zhěnzhì——整治 zhěngzhì  　镇纸 zhènzhǐ——正直 zhèngzhí
深思 shēnsī——生丝 shēngsī  　神似 shénsì——生死 shēngsǐ
审视 shěnshì——省事 shěngshì  　绅士 shēnshì——声势 shēngshì
市镇 shìzhèn——市政 shìzhèng  　施诊 shīzhěn——实证 shízhèng

(3)绕口令朗读训练

CHEN YU CHENG

①陈　与　程

Xìng Chén de bù néng shuō chéng xìng Chéng,
　姓　陈　的　不　能　说　成　姓　程，

Xìng Chéng de bù néng shuō chéng xìng Chén.
　姓　程　的　不　能　说　成　姓　陈。

Hé mù shì Chéng,
　禾　木　是　程，

Ěr dōng shì chén.
耳东是陈。

Chéng、Chén fēn bu kāi, dāng xīn rèn cuò rén.
程、陈分不开，当心认错人。

PEN HE PENG
② 盆 和 棚

Tiān shang yī ge pén,
天上一个盆，

Dì xia yī ge péng,
地下一个棚，

Pén pèng péng, péng pèng pén.
盆碰棚，棚碰盆。

Péng dǎo le, pén suì le.
棚倒了，盆碎了。

Shì péng péi pén,
是棚赔盆，

Hái shi pén péi péng?
还是盆赔棚？

MAN TIAN XING
③ 满 天 星

Tiān shang kàn, mǎn tiān xīng;
天上看，满天星；

Dì xia kàn, yǒu ge kēng.
地下看，有个坑。

Kēng li kàn, yǒu pán bīng,
坑里看，有盘冰，

Kēng wài zhǎng zhe yī lǎo sōng.
坑外长着一老松。

Sōng shàng luò zhe yī zhī yīng,
松上落着一只鹰，

Yīng xia zuò zhe yī lǎo sēng,
鹰下坐着一老僧，

Sēng qián diǎn zhe yī zhǎn dēng,
僧前点着一盏灯,

Dēng qián gē zhe yī bù jīng,
灯前搁着一部经,

Qiáng shang dìng zhe yī gēn dīng,
墙上钉着一根钉,

Dīng shang guà zhe yī zhāng gōng,
钉上挂着一张弓,

Shuō guā fēng jiù guā fēng,
说刮风,就刮风,

Guā dé nà nán nǚ lǎo shào nán bǎ yǎn jing zhēng.
刮得那男女老少难把眼睛睁。

Guā sǎn le tiān shang de xīng,
刮散了天上的星,

Guā duàn le kēng wài de sōng,
刮断了坑外的松,

Guā fēi le sōng shang de yīng,
刮飞了松上的鹰,

Guā zǒu le yīng xia de sēng,
刮走了鹰下的僧,

Guā miè le sēng qián de dēng,
刮灭了僧前的灯,

Guā luàn le dēng qián de jīng,
刮乱了灯前的经,

Guā diào le qiáng shang de dīng,
刮掉了墙上的钉,

Guā fān le dīng shang de gōng.
刮翻了钉上的弓。

Zhī guā de xīng sǎn kēng píng bīng huà sōng dǎo yīng fēi sēng zǒu dēng miè
只刮得:星散、坑平、冰化、松倒、鹰飞、僧走、灯灭、

jīng luàn dīng diào gōng fān.
经乱、钉掉、弓翻。

Zhè me yī duàn rào kǒu lìng,
这么一段绕口令，

Jiǎng gěi nǐ men Tīng.
讲给你们听。

### （四）分清 e-o-uo

**1. 词语分组朗读练习**

| | | | |
|---|---|---|---|
| 塞责 sèzé | 可乐 kělè | 车辙 chēzhé | 折射 zhéshè |
| 菏泽 hézé | 隔热 gérè | 客车 kèchē | 格格 gégé |
| 哥哥 gēge | 特赦 tèshè | 折合 zhéhé | 瑟瑟 sèsè |
| 磨破 mópò | 泼墨 pōmò | 婆婆 pópō | 伯伯 bóbo |
| 抹墨 mǒmò | 默默 mòmò | 摸佛 mōfó | 脉脉 mòmò |
| 广播 guǎngbō | 抚摸 fǔmō | 活泼 huópō | 脉搏 màibó |
| 国货 guóhuò | 过火 guòhuǒ | 罗锅 luóguō | 落果 luòguǒ |
| 阔绰 kuòchuò | 坐落 zuòluò | 陀螺 tuóluó | 堕落 duòluò |
| 懦弱 nuòruò | 蹉跎 cuōtuó | 硕果 shuòguǒ | 哆嗦 duōsuo |

**2. 组合练习**

| | | | |
|---|---|---|---|
| 菠萝 bōluó | 婆娑 pósuō | 摩托 mótuō | 剥夺 bōduó |
| 唾沫 tuòmò | 琢磨 zhuómó | 作者 zuòzhě | 恶果 èguǒ |
| 合伙 héhuǒ | 瑟缩 sèsuō | 波折 bōzhé | 破格 pògé |
| 过河 guòhé | 薄荷 bòhe | 隔膜 gémó | 墨盒 mòhé |
| 或者 huòzhě | 车祸 chēhuò | 惊愕 jīng'è | 挫折 cuòzhé |
| 萝卜 luóbo | 国色 guósè | 课桌 kèzhuō | 挪窝 nuówō |

**3. 对比练习**

过活 guòhuó——过河 guòhé

高坡 gāopō——高歌 gāogē

做错 zuòcuò——作恶 zuò'è

快活 kuàihuo——快乐 kuàilè

油墨 yóumò——游客 yóukè

没破 méipò——没课 méikè

不摸 bùmō——不喝 bùhē

喝水 hēshuǐ——活水 huóshuǐ

拖车 tuōchē——客车 kèchē

黄果 huángguǒ——黄河 huánghé

经过 jīngguò——惊愕 jīng'è

脖子 bózi——格子 gézi

内膜 nèimó——内阁 nèigé

下坡 xiàpō——下车 xiàchē

### (五)读准韵头u,分清ei和uei

| 北非 Běi Fēi | 飞贼 fēizéi | 背煤 bēiméi | 配备 pèibèi |
| 肥美 féiměi | 黑妹 hēimèi | 蓓蕾 bèiléi | 赔给 péigěi |
| 归位 guīwèi | 魁伟 kuíwěi | 退回 tuìhuí | 坠毁 zhuìhuǐ |
| 傀儡 kuǐlěi | 追随 zhuīsuí | 灰堆 huīduī | 崔嵬 cuīwéi |
| 违背 wéibèi | 翠微 cuìwēi | 对垒 duìlěi | 累赘 léizhuì |
| 类推 lèituī | 归类 guīlèi | 美味 měiwèi | 卑微 bēiwēi |

## 二、短文朗读练习

## 三、说话练习

1. 假日生活
2. 我的理想(或愿望)
3. 体育运动的乐趣
4. 我喜欢的美食
5. 学习普通话(或其他语言)的体会
6. 对终身学习的看法
7. 科技发展与社会生活
8. 谈个人修养

### ✦ 拓展延伸

[1]黄伯荣,廖序东.现代汉语[M].增订6版.北京:高等教育出版社,2017.

[2]胡裕树.现代汉语(重订本)[M].上海:上海教育出版社,2019.

[3]林焘,王理嘉.语音学教程[M].2版.王韫佳,王理嘉,增订.北京:北京大学出版社,2013.

[4]李如龙.汉语方言学[M].2版.北京:高等教育出版社,2007.

[5]金小梅.论"渝普"[J].西南师范大学学报(人文社会科学版),2002(04):166-169.

[6]钟维克.重庆方言音系研究[J].重庆社会科学,2005(06):118-123.

# 第四章　普通话声调

**【章目要览】**

普通话有4个声调,分别是阴平(调值55)、阳平(调值35)、上声(调值214)、去声(调值51)。声调由音高构成,有区别意义的作用。方言与普通话声调差异明显:方言与普通话调类相同可能调值不同;调类也不尽相同,有的方言多达8个调类且存在入声,而普通话只有4个声调,入声已消失。

**【相关知识】**

本章涉及发音学以及方言学的相关知识。

**【重点提示】**

调值、调类;方言与普通话声调的差异。

## 第一节　普通话声调的调值和调类

### 一、什么是声调

声调是音节声音的高低升降变化。声调是音节的重要组成部分,在音节中具有区别意义的作用。如:mā(妈)、má(麻)、mǎ(马)、mà(骂)这四个音节的声母和韵母都相同,但是意义不同,这是因为声调不同的缘故。

声调之间的差别主要是音高变化,这是声调的本质。声音的高低变化由发音时声带的松紧决定。发音时声带越紧在一定时间内颤动的次数越多,声音就越高;声带越松,在一定时间内颤动的次数越少,声音就越低。

音高有绝对音高和相对音高之分。一般来说,女人说话的声音比男人的高,小孩说话的声音比老人高,同一个人情绪激动时,说话的声音比情绪平和时的高,这是绝对音高,绝对音高没有区别意义的作用。声调的音高是相对音高。同一个词"跳",一个男人用低调说出来,一个女人提高八度说出来,虽然女人的最低音可能比男人的最高音还高,但听起来都是"跳"。这是因为这两个人都是从高音降到低音,音高的变化形式和升降幅度大体相同。这种音高变化形式和升降幅度就是相对音高。

## 二、调值和调类

汉语的声调可以从调值和调类两方面来分析。

调值就是音节高低升降曲直的变化形式,也就是声调的实际读法。为了细致而准确地描写汉语的调值,一般采用赵元任创制的"五度标记法"来标记声调(如图1-4-1)。先用一条竖线做比较,分成五度,由下而上依次是"低""半低""中""半高""高",分别用1、2、3、4、5表示。再在比较线左边用横线、斜线、曲线表示声调的音高变化。

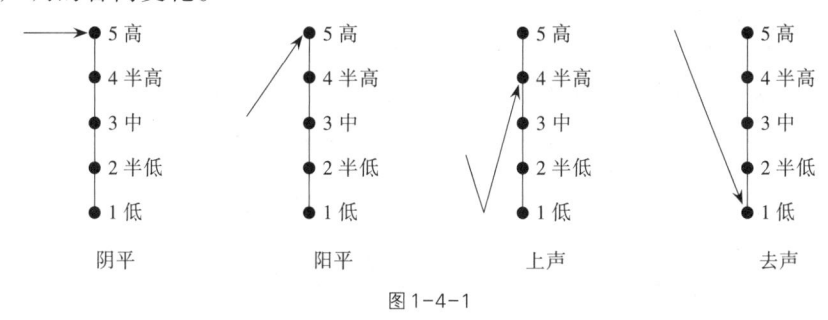

图 1-4-1

调类就是声调的分类,就是把调值相同的字归纳在一起所建立的类别。同一种方言中,有多少种调值就有多少种调类。普通话里有四种基本调值,就有四个调类。

现代汉语的声调系统是从古代汉语的声调系统演变而来的。古汉语有"平、上、去、入"四类声调,后来又以声母的清浊等不同条件发生了分化。凡是古清音声母字的声调属阴调,古浊音声母字的声调属阳调。这样,古四声实际上演变为"阴平、阳平、阴上、阳上、阴去、阳去、阴入、阳入"八类。这个声调系统在现代汉语方言中的分合情况是不尽相同的。为了寻找历史演变规律,也为了便于普通话与方言、方言与方言之间的比较,今调类名称都沿用古调类名称。要注意的是,调类的名称只能表明声调的类别,并不能表示实际调值。我们经常可以看到这样的情况:在不同方言里,有时调类名称相同但调值可能不一样,调值相同的字可能分属不同的调类。

## 三、普通话四声的读法

普通话的全部字音分属四种基本调值（不包括轻声、变调），按传统分为阴平、阳平、上声、去声四个调类，统称"四声"。

普通话四声的发音：

阴平（第一声）：高平调，调值为55。发音时，声带绷到最紧，始终没有明显变化，保持高音。例如：

八　坡　猫　方　心　声　知　虚
居　些　家　医　拉　飞　溜　当
轻　科　通　申　猜　抛　高　伤

阳平（第二声）：高升调，调值为35。发音时，声带从不松不紧开始，逐渐绷紧，到最紧为止，声音由不低不高到最高。例如：

爬　牙　罗　和　云　娃　白　纯
读　图　麻　凡　皮　夺　革　驼
人　群　别　徐　直　迷　博　茶

上声（第三声）：降升调，调值为214。发音时，声带从略微有些紧张开始，立刻松弛下来，稍稍延长，然后迅速绷紧，但没有绷到最紧。发音过程中，声音主要表现在低音段1~2度，这是上声的基本特征。例如：

把　马　洒　假　写　也　史　朽
楚　窄　海　美　稿　肘　紫　我
裸　且　渴　喜　礼　扯　挤　宰

去声（第四声）：全降调，调值为51。发音时，声带从紧开始，到完全松弛为止，声音由高到低。例如：

面　骂　大　进　饭　汉　纵　漏
恨　共　笨　换　骗　段　劝　扣
峻　嫩　逛　窍　倦　憎　训　顿

在实际发音过程中，声调不管是上升还是下降，都应该是滑动变化的，是从一个音高向另一个音高滑动的过程。在发阳平、上声的时候尤其要注意不能跳跃进行。

普通话四声的音长不相等，其中上声音最长，阳平次之，阴平次短，去声最短。

普通话四声的调值可以概括为一平、二升、三曲、四降。

## 第二节　方言与普通话声调的差异

### 一、调类的差异

　　普通话有四个调类。汉语方言的调类数最少的有三个,最多的有十个。如南京、太原有五个调类,南昌有六个调类,福州、厦门有七个调类。

　　由于各个方言区的声调都是从古声调的平、上、去、入四声发展演变而来的,相互之间有着对应关系。方言区的人在学习普通话声调时,明确自己所说方言与普通话声调的对应关系,可以方便学习,少走弯路。

　　比普通话调类少的地区,学习普通话要分开调类。如河北滦州市的平声字不分阴平、阳平,统念11调,学习声调时要分化为阴平、阳平两个调类,并按阴平55、阳平35的调值去读。比普通话调类多的方言区则要注意合并调类。如南昌话的去声分为阴去(55调)和阳去(31调)两个调类,学习声调时要将这两个调类的字合并为一个调类,都读51调。

### 二、调值的差异

　　有些方言和普通话的调类相同,但实际调值不同。如济南也分四个调类:阴平、阳平、上声、去声,但调值和普通话不同,分别为213,42,55,21。上海有五个调类,其中有阴平、阳平,调值也和普通话不同,分别为54,24。

　　方言区的人学习声调时,对这种调类相同调值不同的字只需改读调值即可。如上声在普通话里调值是214,而在长沙话里却是41。长沙人学习上声调时,把41改读为214就是普通话语音了。改读调值的关键是学会普通话四声调值的读法。

### 三、有无入声的差异

　　入声是古代汉语四声(平上去入)中的一个调类。这个调类包含的字称为古入声字或入声字。入声发展到今天,在普通话里已经消失,分别归入阴平、阳平、上声、去声四个声调里。据统计,常用的700个左右的古入声字,在普通话里读去声的约占40%,读阳平的约占31%,读阴平的约占21%,读上声的约占8%。但在其他方言中情况有所不同。有的方言还保留了入声,甚至包括塞音韵尾,如厦门话、广州话;有的方言里有入声但没有塞音韵尾,如长沙话、孝感话、江津话;在另一些方言里,入声完全消失,归入了别的调类。在这些入声消失的地区,入声字所归属调类不尽相同,如在汉口、成都、重庆等地入声字只归到阳平一个调类中;在西安则分归阴平、阳平。

官话方言里大部分地区的入声都消失了,但归属的调类不同,小部分地区仍有入声。普遍将官话方言分为七区,这七区古入声字今读调类的情况大致如下表所示。

表1-4-1 官话七区古入声字今读调类表

|  | 北京官话 | 胶辽官话 | 北方官话 | 中原官话 | 兰银官话 | 西南官话 | 江淮官话 |
|---|---|---|---|---|---|---|---|
| 古清音 | 阴阳上去 | 上声 | 阴平 | 阴平 | 去声 | 阳平 | 入声 |
| 古次浊 | 去声 |  |  |  |  |  |  |
| 古全浊 | 阳平 |  |  |  |  |  |  |

入声字的改读,对于保留了入声的方言区的人来说,只要丢掉入声的塞音韵尾,再将声调改读为普通话相应的声调即可。

对于入声已经消失的方言区的人来说,入声字的改读,要分为以下步骤进行。

第一,弄清古入声在自己方言里的归并情况。《普通话与方言声调对照表》列出了七大方言区二十个城市的入声归并情况,可供查阅。弄清归并情况后,即可对这些与入声有关的声调进行重点辨正了。

第二,识别入声字,改读调值。要知道哪些字是古入声字以及它们在普通话中的声调,可以查阅《古入声字的普通话读音表》。为了帮助识别和记忆古入声字,这里介绍几种从普通话音区识别古入声字的方法。

古入声字的普通话读音表

1.声母是b、d、g、j、zh、z的阳平字,绝大部分是古入声字。如:白、答、革、吉、哲、杂等。

2.声母是zh、ch、sh、r的uo韵母字都是古入声字。如:桌、绰、说、弱等。

3.声母是f的a和o韵母字都是古入声字。如:乏、罚、法、佛等。

4.声母是p、t、m、n、l的ie韵母字,绝大部分是古入声字。如:瞥、贴、灭、捏、列等。

5.üe韵母字除"瘸、靴"以外都是古入声字。如:虐、略、缺、雀、学、雪等。

根据以上几条规律可以推出近400个古入声字,此外还可以通过普通话语音排除古入声字,从而帮助辨识入声字。比如普通话中有19个韵母没有入声字,它们是16个带鼻音韵母和-i(前)、er、uei这3个元音韵母。

第三,理出归并情况、找出入声字后,就可以将其分别改读为普通话的声调了。改读时也可寻求规律,成批转换。如声母是m、n、l、r以及部分零声母的古入声字在普通话里绝大部分都归去声,如:麦、密、灭、木、纳、聂、虐、腊、勒、乐、力、列、六、绿、掠、落、热、日、入、弱、若、业、译、袜、握、物、育、月等。

## 第三节　普通话声调训练

### 一、声调基础训练

#### 1.声调正音训练

**阴平+阴平**

| | | |
|---|---|---|
| 芭蕉 bājiāo | 冰川 bīngchuān | 波涛 bōtāo |
| 炊烟 chuīyān | 鲜花 xiānhuā | 芳香 fāngxiāng |
| 珍惜 zhēnxī | 诗歌 shīgē | 功勋 gōngxūn |

**阴平+阳平**

| | | |
|---|---|---|
| 奔流 bēnliú | 充实 chōngshí | 蹉跎 cuōtuó |
| 端详 duānxiáng | 观察 guānchá | 诙谐 huīxié |
| 精华 jīnghuá | 生活 shēnghuó | 参谋 cānmóu |

**阴平+上声**

| | | |
|---|---|---|
| 倾吐 qīngtǔ | 花圃 huāpǔ | 松果 sōngguǒ |
| 冬笋 dōngsǔn | 飘洒 piāosǎ | 清早 qīngzǎo |
| 歌咏 gēyǒng | 篝火 gōuhuǒ | 光彩 guāngcǎi |

**阴平+去声**

| | | |
|---|---|---|
| 鞭策 biāncè | 激励 jīlì | 波浪 bōlàng |
| 称赞 chēngzàn | 充沛 chōngpèi | 刚毅 gāngyì |
| 尖锐 jiānruì | 机智 jīzhì | 清脆 qīngcuì |

阳平+阴平

长期 chángqī　　崇高 chónggāo　　集中 jízhōng
兰花 lánhuā　　良师 liángshī　　情操 qíngcāo
阳光 yángguāng　　研究 yánjiū　　迎接 yíngjiē

阳平+阳平

红旗 hóngqí　　翱翔 áoxiáng　　文学 wénxué
驰名 chímíng　　纯洁 chúnjié　　繁荣 fánróng
黎明 límíng　　重逢 chóngféng　　前途 qiántú

阳平+上声

成果 chéngguǒ　　持久 chíjiǔ　　传统 chuántǒng
拂晓 fúxiǎo　　晴朗 qínglǎng　　联想 liánxiǎng
完整 wánzhěng　　长跑 chángpǎo　　文采 wéncǎi

阳平+去声

牢固 láogù　　辽阔 liáokuò　　明净 míngjìng
农谚 nóngyàn　　评价 píngjià　　前哨 qiánshào
融洽 róngqià　　肥沃 féiwò　　旋律 xuánlǜ

上声+阴平

老师 lǎoshī　　启发 qǐfā　　理亏 lǐkuī
美观 měiguān　　感激 gǎnjī　　友邦 yǒubāng
体贴 tǐtiē　　冷清 lěngqīng　　惋惜 wǎnxī

上声+阳平

版图 bǎntú　　保持 bǎochí　　彩虹 cǎihóng
胆识 dǎnshí　　皎洁 jiǎojié　　品德 pǐndé
锦旗 jǐnqí　　启蒙 qǐméng　　晚霞 wǎnxiá

上声+上声

古典 gǔdiǎn　　辅导 fǔdǎo　　处理 chǔlǐ
简朴 jiǎnpǔ　　玛瑙 mǎnǎo　　展览 zhǎnlǎn
舞蹈 wǔdǎo　　影响 yǐngxiǎng　　水果 shuǐguǒ

上声+去声

宝贵 bǎoguì　　哺育 bǔyù　　点缀 diǎnzhuì

访问 fǎngwèn　　　　紧凑 jǐncòu　　　　翡翠 fěicuì
考验 kǎoyàn　　　　渴望 kěwàng　　　　阐述 chǎnshù

**去声+阴平**

簇新 cùxīn　　　　　诞生 dànshēng　　　复苏 fùsū
构思 gòusī　　　　　乐章 yuèzhāng　　　气氛 qìfēn
浪花 lànghuā　　　　刺激 cìjī　　　　　辣椒 làjiāo

**去声+阳平**

蜡梅 làméi　　　　　浪潮 làngcháo　　　沸腾 fèiténg
热情 rèqíng　　　　　练习 liànxí　　　　序言 xùyán
笑容 xiàoróng　　　　现实 xiànshí　　　　富饶 fùráo

**去声+上声**

碧海 bìhǎi　　　　　创举 chuàngjǔ　　　洞晓 dòngxiǎo
鉴赏 jiànshǎng　　　驾驶 jiàshǐ　　　　进取 jìnqǔ
记者 jìzhě　　　　　剧本 jùběn　　　　　奋勇 fènyǒng

**去声+去声**

热爱 rè'ài　　　　　缔造 dìzào　　　　　荡漾 dàngyàng
胜利 shènglì　　　　照耀 zhàoyào　　　　伴奏 bànzòu
建设 jiànshè　　　　倡议 chàngyì　　　　庆祝 qìngzhù

### 2.四字短语练习

光明磊落 guāngmíng-lěiluò　　　　千锤百炼 qiānchuí-bǎiliàn
心领神会 xīnlǐng-shénhuì　　　　　双管齐下 shuāngguǎn-qíxià
挥汗如雨 huīhàn-rúyǔ　　　　　　　车载斗量 chēzài-dǒuliáng
集思广益 jísī-guǎngyì　　　　　　南征北战 nánzhēng-běizhàn
言简意赅 yánjiǎn-yìgāi　　　　　　排难解纷 páinàn-jiěfēn
耳聪目明 ěrcōng-mùmíng　　　　　　眼花缭乱 yǎnhuā-liáoluàn
等闲视之 děngxián-shìzhī　　　　　老气横秋 lǎoqì-héngqiū
落花流水 luòhuā-liúshuǐ　　　　　困知勉行 kùnzhī-miǎnxíng
浩如烟海 hàorúyānhǎi　　　　　　　刻骨铭心 kègǔ-míngxīn
弄巧成拙 nòngqiǎo-chéngzhuō　　　调虎离山 diàohǔ-líshān

## 二、短文朗读练习

## 三、说话练习

1. 我的兴趣爱好
2. 难忘的旅行
3. 尊敬的人
4. 我喜爱的艺术形式
5. 谈中国传统文化
6. 对幸福的理解
7. 如何保持良好的心态
8. 对垃圾分类的认识

普通话朗读作品21—30号

## ⭐ 拓展延伸

[1] 黄伯荣,廖序东.现代汉语[M].增订6版.北京:高等教育出版社,2017.

[2] 胡裕树.现代汉语(重订本)[M].上海:上海教育出版社,2019.

[3] 林焘,王理嘉.语音学教程[M].2版.王韫佳,王理嘉,增订.北京:北京大学出版社,2013.

[4] 李如龙.汉语方言学[M].2版.北京:高等教育出版社,2007.

[5] 朱晓农,焦磊,严至诚,洪英.入声演化三途[J].中国语文,2008(04):324-338.

[6] 于谦,黄乙玲.方言背景影响普通话声调范畴感知[J].语言文字应用,2019(03):114-123.

# 第五章　普通话的音变

**【章目要览】**

语流音变是指音节与音节相连形成语流时,由于受邻音的影响或说话时高低强弱的不同而发生的临时性变化。普通话常见的语流音变有:变调、轻声、儿化、语气词"啊"的变读等。

**【相关知识】**

本章涉及发音学以及方言学的相关知识。

**【重点提示】**

变调、轻声、儿化、语气词"啊"的变读。

## 第一节　几种常见的普通话音变

人们在说话或朗读的时候,不是孤立地发出一个个音节,而是一个音节接着一个音节发出的,各个音节连续不断,形成一段段的语流。语流内的一连串音紧密相连,由于发音部位和发音方法的不断改变或表情达意的需要,有时难免相互影响,致使音素或声调发生变化,这种语音变化就称为语流音变。

语流音变一般都有比较强的规律性,各语言和方言都有自己特有的语流音变规律,音变现象千差万别。

学习普通话,如果只掌握了单个字的读音而不掌握音变,把单个音节的读音搬到语流中去,语流的节奏和流畅就会受到破坏,不但自己读起来拗口、吃力,别人听起来也觉得生硬、别扭。要想使自己的普通话说得地道,听起来自然、和谐,就必须掌握音变。

普通话常见的语流音变有:变调、轻声、儿化、语气词"啊"的变读等。

# 一、变调

变调是声调在语流中产生的一种比较常见的音变现象,普通话四种声调在语流中都不同程度地存在变读情况,其中常见的、明显的变调现象有:上声的变调、"一"和"不"的变调、重叠式形容词的变调。

## (一)上声的变调

普通话上声是降升调,调值214,特点是调值形式曲折。上声在别的音节前面都要发生变调,只有在单念或词句末尾时才读原调。具体规律见下表:

表1-5-1　上声的变调规律

| 类别 | 读音 | 举例 |
| --- | --- | --- |
| 非上声前 | 读"半上"(21) | 阴平前:普通、北京<br>阳平前:品格、语言<br>去声前:朗诵、美术<br>轻声前:伙计、嫂嫂 |
| 两个上声相连 | 前一个读得像阳平(35),<br>后一个读原调 | 手指、反省、广场、母语 |
| 三个上声相连 | 双单格→(35+35)+214<br>单双格→21+(35+214) | 勇敢者、展览馆、演讲稿<br>买雨伞、纸老虎、冷处理 |
| 多个上声相连 | 先按语义或气息自然分节,<br>再按以上方法变读 | 请小李/跑百米。<br>你给我/找俩/好导演。 |
| 单念、词尾 | 读原调(214) | 所、手、买<br>完整、落选 |

## (二)"一"和"不"的变调

"一"的单字调是阴平。"不"的单字调去声。这两个字在单念或词句末尾时读原调。它们的变调取决于后一个连续音节的声调。"一"一般有四种读音,"不"有三种读音。具体变调规律如下表:

表1-5-2 "一"和"不"的变调规律

| 所处位置 | "一"的读音 | 举例 | "不"的读音 | 举例 |
| --- | --- | --- | --- | --- |
| 单念、词尾、表序数 | 不变调（yī） | 一、二、三 统一、万一 第一期 | 不变调（bù） | 不！ 我偏不！ |
| 非去声前 | 变去声（yì） | 一批、一天 一层、一年 一种、一所 | 仍念去声（bù） | 不依 不能 不管 |
| 去声前 | 变阳平（yí） | 一册、一半 | 变阳平（bú） | 不去 不看 |
| 夹在相同词语中间或动补结构中间 | 读轻声 | 看一看 想一想 | 读轻声 | 去不去 用不着 |

### (三)重叠形容词的变调

重叠形容词有三种形式：AA式、ABB式、AABB式。重叠形式不同,变调规律也不同。

**1. AA式**

这类重叠方式一般不变调,但如果重叠后附有儿化时,即"AA儿"或"AA儿的",后"A"一律变读为阴平。例如：

| 慢慢 | 早早 | 甜甜 | （不变调） |
| 慢慢儿 | 早早儿 | 甜甜儿 | （第二音节读阴平） |
| 慢慢儿的 | 早早儿的 | 甜甜儿的 | （第二音节读阴平） |

**2. ABB式**

(1)"BB"是阴平调时,"BB"仍读原调。例如：红通通。

(2)"BB"是非阴平调时,"BB"大多数要变读为阴平调。例如：慢腾腾、黄澄澄、沉甸甸。

(3)"BB"虽然是非阴平调,但"BB"有少数仍读原调。例如：金灿灿、白皑皑、气昂昂。

### 3.AABB式

这类重叠方式的形容词,第二个"A"读轻声,"BB"均变读为阴平调。例如:热热闹闹、漂漂亮亮、痛痛快快。

也有少数词语在书面语中不能变调。一般在语气较严肃或读得缓慢时仍读原调。例如:轰轰烈烈、沸沸扬扬、堂堂正正。

上述三种重叠式形容词的变调,多用于口语中,除口语中习惯变调的或在AA儿化时必须变调以外,在语气较严肃或读得缓慢时仍读原调。

关于变调的书写形式,《汉语拼音正词法基本规则》规定,除了在语音教学中可以根据需要按变调标写以外,声调一律标原调,不标变调。因此,我们在读汉语拼音读物时,不能简单按照字面所标的声调去读,而是要按照音变规则,根据情况具体对待。

## 二、轻声

### (一)轻声的特点

普通话中每一个音节都有一定的声调。可是,有些音节在词语或句子里常常失去原有的声调,变成一种又轻又短的调子。这种调子,叫作轻声。轻声不是一种独立的调类,而是在普通话语流中,从阴平、阳平、上声、去声四个声调变化而来的一种特殊的调子。它是整个音节弱化的一种特殊的音变现象。轻声的主要特点是音长比较短促,同时具有不同于原调的新的音高形式,音强较弱,音色较含混。

### (二)轻声的读音

轻声一般出现在双音节词中的后一个音节。它的读音不能独立存在,而是由前一个音节的声调决定。

从声学上分析,轻声音节的能量较弱,是音高、音长、音色、音强综合变化的效应,但这些语音要素在轻声音节的辨别中所起作用的大小是不同的。语音实验证明,轻声音节特性是由音高和音长这两个比较重要的因素构成的。从音高上看,轻声音节失去原有的声调调值,变为轻声音节特有的音高形式,构成轻声调值。从音长上看,轻声音节一般短于正常重读音节的长度,甚至大大缩短,可见声音的长短是构成轻声特性的另一重要因素。尽管轻声音节音变短,但它的调形仍然可以分辨,并在辨别轻声时起着不可忽视的作用。

虽然轻声的调值不固定,但总体上说,轻声在阴平、阳平后较低;在上声后最高;在去声后最低。如:

阴平后:珠子　　哥哥　　调值为2
阳平后:竹子　　爷爷　　调值为3
上声后:毯子　　奶奶　　调值为4
去声后:柱子　　爸爸　　调值为1

### (三)掌握轻声词

在普通话里,轻声词语的使用频率比较高,是构成普通话语调的重要特征之一,也是普通话水平测试所要考查的重要内容。大多数方言都存在轻声现象,只是在范围和数量上有所差别。南方各方言区的人学习轻声普遍感到困难,一是具体读音不易把握,二是判断是否为轻声词较难。尤其是后者,因为轻声词在形式上和一般词语没什么区别,普通话中读轻声的词语在南方各方言中大多不读轻声。因此,轻声是普通话学习的重点之一。学习中,除掌握发音之外,还要记住哪些词应该读轻声。普通话轻声词大致有四类:

#### 1. 规律性强的轻声

这类轻声词在构词中缺乏独立性,附着性强,意义上也不实在,是容易判断的一类。主要有以下几种情况:

(1)结构助词"的、地、得",动态助词"着、了、过"以及语气助词"啊、吧、吗、啦"等。例如:好好的、看着、行吗。

(2)词语后缀"子、头、们、儿"等。例如:孩子、人们。

(3)大多数名词、代词后的表示方位的词"上、下、里、边、面"等。例如:脸上、屋子里。

(4)动词、形容词后的趋向动词"来、去、起来、下去"等。例如:跑起来、到北京去。

(5)叠音词或词的重叠式的第二个音节。例如:猩猩、星星、婶婶、看看。

(6)量词"个"。例如:几个人、一个村庄。

(7)部分四音节的形容词生动形式中的衬字。例如:稀里糊涂、正儿八经、黑不溜秋。

## 2.具有区别词性、区别词义功能的轻声

这类轻声词"形同而异义",念轻声或不念轻声意义大不相同。一定要根据所表达的语义确定是轻声还是非轻声后再读。例如：

地道 { ~dao：真正的，纯粹的
~dào：在地面下掘成的交通坑道

滑溜 { ~liu：光滑
~liū：烹调方法

花费 { ~fei——名词
~fèi——动词

人家 { ~jia——代词
~jiā——名词

## 3.习惯上必读的轻声

这类轻声词范围广而规律性不强,也无区别词的作用,但按习惯必读轻声。要注意识别、熟读和记忆。例如：

| 巴掌 | 窗户 | 出息 | 功夫 | 凑合 |
| 使唤 | 漂亮 | 风筝 | 苗条 | 姑娘 |
| 麻烦 | 云彩 | 首饰 | 舒服 | 月亮 |

普通话水平测试用必读轻声词语表

## 4.可轻声可不轻声的词语

这类词,前一个音节读重音,后一个读次轻音。一般轻读,间或重读。注音时,后一音节要标出声调,并在前面加圆点。例如："工钱"注为"gōng·qián"。原调依稀可辨,但不稳定。本书练习材料中不做标注,练习读音时,需注意区分。

# 三、儿化

"er"本是一个独立音节,但有时可以和前一个音节相结合,使前一个音节的主要元音带上卷舌动作,并使两个音节合并为一个音节,这种现象叫作"儿化",儿化了的韵母,称作"儿化韵"。儿化在书写上用两个汉字表示,读音上却是一个音节,拼音用"r"表示。

## (一)儿化韵的发音及运用

儿化韵的基本性质,是使一个音节的主要元音带上卷舌动作。儿化发音的关键,是在念前一个音节韵腹的同时舌头就要上卷,如果等韵母念完了再卷舌,就不准确了。有些人在读儿化时,常把"儿"与前面的音节分开读;有的发儿化时舌头卷不起来或卷得不到位、不明显;还有的卷舌过高或过后,这些都是应该避免的。卷舌时,舌尖向后和硬腭相对。

此外,还要区分儿化和非儿化的词。少数带"儿尾"的词,并不读儿化。例如:诗文中起修饰作用或为了音节整齐时,"儿"均不读儿化。

"儿化"多用于口语中。在庄重、严肃的场合一般不宜使用。恰当地应用儿化,不仅能增添语音的韵味和美感,还能区分词性、区别词义、表达多种感情色彩。

### (二)儿化韵的发音规则

儿化音变的条件,取决于韵母的最末一个音素。儿化了的韵母的实际读音,与原韵有所不同。总的规则是:原韵母的开口度大,舌高点靠后而便于卷舌的,直接加"r",儿化后原韵母不变;反之,原韵母开口度小,舌高点在前而影响卷舌的加"er"。儿化后原韵母会发生一些变化。儿化韵的音变规律,有以下几类:

**1.韵母或韵尾是 a、o、e、u 的,原韵不变,直接加"r"**

例如:找茬儿 zhǎochár　　山坡儿 shānpōr
　　　蛋壳儿 dànkér　　　小兔儿 xiǎotùr

**2.韵尾是 i、n(in、ün 除外)——丢掉韵尾,在主要元音上加"r"**

例如:小孩儿 xiǎohár　　瓶盖儿 pínggàr
　　　一点儿 yìdiǎr　　　纳闷儿 nàmèr

**3.韵母是 in、ün 时,丢掉韵尾 n,加"er"**

例如:干劲儿 gànjièr　　皮筋儿 píjièr
　　　合群儿 héquér　　围裙儿 wéiquér

**4.韵母是 i、ü 时,原韵不变,直接加"er"**

例如:玩意儿 wányièr　　小鸡儿 xiǎojièr
　　　毛驴儿 máolüér　　金鱼儿 jīnyuér

**5.韵母是 -i[ɿ]、-i[ʅ] 时,原韵丢失,变为"er"**

例如:挑刺儿 tiāocèr　　写字儿 xiězèr
　　　小事儿 xiǎoshèr　　树枝儿 shùzhēr

**6.韵尾是 -ng 的(ing、iong 除外),丢掉 ng,加"r",并使主要元音鼻化(发音时气流从口腔、鼻腔同时透出,用~表示)**

例如:药方儿 yàofãr　　头绳儿 tóushẽr
　　　小虫儿 xiǎochõr　　蛋黄儿 dànhuãr

**7.韵母是 ing、iong,丢掉 ng,加鼻化的"er"**

例如:电影儿 diànyiěr　　　五星儿 wǔxiěr

　　　门铃儿 ménliěr　　　小熊儿 xiǎoxioěr

以上介绍的是儿化韵的实际读音,儿化在拼写时,不必按它的实际读音来注音,一律在原音节后加一个 r 即可,例如:打球儿 dǎqiúr,小虫儿 xiǎochóngr。

## 四、语气词"啊"的音变

单音词"啊",除了用在句子开头作叹词外,还常常出现在句子中或句末作语气词。语气词"啊"在词句末尾,受到前面音节末尾音素的影响,读音上会发生变化。

表 1-5-3　"啊"的音变规律

| 前字的末尾音素 | 读音 | 写法 | 举例 |
| --- | --- | --- | --- |
| a o e ê i ü | ya | 呀 | 妈呀！真破呀！ |
| u(包括 ao、iao) | wa | 哇 | 别哭哇！多妙哇！ |
| -n | na | 哪 | 天哪！真难哪！ |
| -ng | nga | 啊 | 忙啊！他们真穷啊！ |
| -i[ɿ] | [za] | 啊 | 写字啊！去公司啊！ |
| -i[ʅ]、er | ra | 啊 | 儿啊！快吃啊！ |

## 第二节　普通话音变训练

## 一、音变基础训练

### (一)上声变调练习

上+阴(21+55)

把关 bǎguān　　摆脱 bǎituō　　打开 dǎkāi　　顶端 dǐngduān

果真 guǒzhēn　　海边 hǎibiān　　好心 hǎoxīn　　好听 hǎotīng

| 奖杯 jiǎngbēi | 紧张 jǐnzhāng | 垦荒 kěnhuāng | 领书 lǐngshū |
| --- | --- | --- | --- |
| 满腔 mǎnqiāng | 美观 měiguān | 扭曲 niǔqū | 女方 nǚfāng |
| 起先 qǐxiān | 忍心 rěnxīn | 赏析 shǎngxī | 体贴 tǐtiē |
| 惋惜 wǎnxī | 许多 xǔduō | 掩杀 yǎnshā | 主观 zhǔguān |

上+阳(21+35)

| 百年 bǎinián | 场合 chǎnghé | 处罚 chǔfá | 歹徒 dǎitú |
| --- | --- | --- | --- |
| 赌博 dǔbó | 否则 fǒuzé | 仿佛 fǎngfú | 感觉 gǎnjué |
| 海洋 hǎiyáng | 讲台 jiǎngtái | 考查 kǎochá | 冷门 lěngmén |
| 免除 miǎnchú | 拟人 nǐrén | 偶合 ǒuhé | 漂白 piǎobái |
| 起源 qǐyuán | 水平 shuǐpíng | 死亡 sǐwáng | 统筹 tǒngchóu |
| 往常 wǎngcháng | 雪人 xuěrén | 引言 yǐnyán | 主持 zhǔchí |

上+去(21+51)

| 柏树 bǎishù | 吵闹 chǎonào | 处境 chǔjìng | 打岔 dǎchà |
| --- | --- | --- | --- |
| 反映 fǎnyìng | 诡计 guǐjì | 火箭 huǒjiàn | 缴费 jiǎofèi |
| 朗诵 lǎngsòng | 冷静 lěngjìng | 买进 mǎijìn | 哪怕 nǎpà |
| 偶数 ǒushù | 跑步 pǎobù | 启用 qǐyòng | 忍耐 rěnnài |
| 赏赐 shǎngcì | 讨论 tǎolùn | 伟大 wěidà | 武汉 Wǔhàn |
| 显示 xiǎnshì | 宇宙 yǔzhòu | 整队 zhěngduì | 总是 zǒngshì |

上+轻

①多数读(21)

| 矮子 ǎizi | 扁担 biǎndan | 本事 běnshi | 点缀 diǎnzhui |
| --- | --- | --- | --- |
| 点心 diǎnxin | 耳朵 ěrduo | 恶心 ěxin | 反正 fǎnzheng |
| 火候 huǒhou | 姐姐 jiějie | 影子 yǐngzi | 脑袋 nǎodai |
| 暖和 nuǎnhuo | 奶奶 nǎinai | 骨头 gǔtou | 姥姥 lǎolao |
| 引子 yǐnzi | 使唤 shǐhuan | 指甲 zhǐjia | 嘴巴 zuǐba |

②少数读(35)

| 打手 dǎshou | 等等 děngdeng | 举起 jǔqi | 可以 kěyi |
| --- | --- | --- | --- |
| 哪里 nǎli | 想起 xiǎngqi | 小姐 xiǎojie | 晌午 shǎngwu |

上+上(35+214)

| 矮小 ǎixiǎo | 匕首 bǐshǒu | 处理 chǔlǐ | 抖擞 dǒusǒu |
| --- | --- | --- | --- |

| 耳语 ěryǔ | 砝码 fǎmǎ | 管理 guǎnlǐ | 给予 jǐyǔ |
| 好转 hǎozhuǎn | 甲板 jiǎbǎn | 老板 lǎobǎn | 美感 měigǎn |
| 偶尔 ǒu'ěr | 请帖 qǐngtiě | 使馆 shǐguǎn | 死板 sǐbǎn |
| 讨好 tǎohǎo | 枉法 wǎngfǎ | 洗手 xǐshǒu | 小组 xiǎozǔ |
| 引导 yǐndǎo | 远祖 yuǎnzǔ | 眨眼 zhǎyǎn | 总理 zǒnglǐ |

上+上+上

①双单格：(35+35+214)

| 百米跑 | 版本好 | 场景美 | 处理品 |
| 打搅你 | 打靶场 | 水彩笔 | 买把伞 |
| 蒙古语 | 展览馆 | 勇敢者 | 讨好我 |

②单双格：(21+35+214)

| 炒米粉 | 搞管理 | 好导演 | 很理想 |
| 很了解 | 孔乙己 | 冷处理 | 主考场 |
| 买水果 | 耍笔杆 | 死老鼠 | 纸雨伞 |
| 撒火种 | 写检讨 | 找厂长 | 纸老虎 |

多个上声相连

| 稳妥处理 | 彼此了解 | 领取奖品 | 手感很好 |
| 采访李厂长 | 我很理解你 | 给我买把雨伞 | 脑海里想起你 |

## （二）"一、不"的变调练习

### 1."一"的变调练习

单念、序数（念原调55）

| 一是一 | 第一名 | 有一说一 |
| 说一不二 | 一一得一 | 一九一八年 |

词尾（念原调55）

| 初一 | 统一 | 六一 | 万一 |
| 表里不一 | 百里挑一 | 长短不一 | 始终如一 |

去声前（念阳平35）

| 一并 | 一寸 | 一概 | 一个 |
| 一瞬 | 一刻 | 一例 | 一辆 |

| 一脉 | 一面 | 一派 | 一片 |
| --- | --- | --- | --- |
| 一切 | 一日 | 一任 | 一世 |
| 一味 | 一项 | 一样 | 一致 |

**非去声前（念去声 51）**

| 一般 | 一方 | 一根 | 一间 |
| --- | --- | --- | --- |
| 一心 | 一天 | 一杯 | 一斤 |
| 一国 | 一元 | 一厘 | 一毫 |
| 一条 | 一头 | 一言 | 一直 |
| 一本 | 一角 | 一口 | 一两 |
| 一脸 | 一起 | 一手 | 一桶 |

### 2. "不"的变调练习

**去声前（念阳平 35）**

| 不败 | 不错 | 不测 | 不断 |
| --- | --- | --- | --- |
| 不但 | 不饿 | 不顾 | 不坏 |
| 不快 | 不利 | 不卖 | 不闹 |
| 不胖 | 不热 | 不善 | 不是 |
| 不算 | 不肖 | 不逊 | 不要 |

**非去声前（念去声 51）**

| 不安 | 不吃 | 不端 | 不羁 |
| --- | --- | --- | --- |
| 不忠 | 不周 | 不依 | 不高 |
| 不成 | 不敌 | 不曾 | 不凡 |
| 不和 | 不良 | 不平 | 不时 |
| 不齿 | 不管 | 不好 | 不可 |
| 不止 | 不准 | 不少 | 不久 |

### 3. "一、不"变调综合练习

| ①一唱一和 | 一板一眼 | 一多一少 | 一明一暗 |
| --- | --- | --- | --- |
| 一模一样 | 一起一落 | 一前一后 | 一人一份 |
| 一丝一毫 | 一五一十 | 一问一答 | 一心一意 |
| 一朝一夕 | 一桌一椅 | 一字一句 | 一张一弛 |

②不卑不亢　　不大不小　　不多不少　　不管不问
　不好不坏　　不闻不问　　不慌不忙　　不见不散
　不明不白　　不偏不倚　　不清不楚　　不屈不挠
　不仁不义　　不三不四　　不痛不痒　　不干不净
③不拘一格　　不堪一击　　不可一世　　不经一事
　不长一智　　不名一文　　不赞一词　　不屑一顾
　一窍不通　　一丝不苟　　一丝不挂　　一毛不拔
　滔滔不绝　　愤愤不平　　生生不息　　惴惴不安
④背一背　　　比一比　　　穿一穿　　　画一画
　少不少　　　酸不酸　　　甜不甜　　　像不像
　搞不搞　　　热不热　　　大不大　　　平不平
　找不到　　　吃不饱　　　管不着　　　下不来
⑤一个西瓜一颗枣，一群大雁一只鸟。
　一个渔翁一钓钩，一江明月一江秋。
　一阵秋风一窗凉，一轮明月一地霜。
　一封家书一片心，一声叹息一问君。
　一个大，一个小，一件衣服一顶帽。
　一边多，一边少，一把铅笔一把刀。
　一个大，一个小，一个西瓜一颗枣。
　一边多，一边少，一盒饼干一块糕。
　一个大，一个小，一头肥猪一只猫。
　一边多，一边少，一群大雁一只鸟。
　初生牛犊不怕虎　　一个巴掌拍不响
　不见棺材不掉泪　　不见兔子不撒鹰
　不到黄河心不死　　不是冤家不聚头
　真金不怕火炼　　　响鼓不用重槌敲
　不打不相识　　　　无巧不成书

## (三)重叠形容词的读音练习

### 1.AA式

| | | | |
|---|---|---|---|
| 薄薄 | 霏霏 | 纷纷 | 乖乖 |
| 红红 | 厚厚 | 慢慢 | 浓浓 |
| 平平 | 浅浅 | 长长 | 稳稳 |
| 饱饱儿 | 红红儿 | 长长儿 | 黑黑儿 |
| 慢慢儿 | 酸酸儿 | 松松儿 | 白白儿 |
| 稳稳儿 | 新新儿 | 圆圆儿 | 薄薄儿 |

### 2.ABB式

(1)BB是阴平的仍读原调(55)

| | | | |
|---|---|---|---|
| 白生生 | 白花花 | 顶呱呱 | 好端端 |
| 黑压压 | 黑乎乎 | 灰溜溜 | 假惺惺 |
| 轻飘飘 | 怯生生 | 热乎乎 | 傻乎乎 |
| 水汪汪 | 甜丝丝 | 笑眯眯 | 兴冲冲 |

(2)BB非阴平时多数变阴平(55)

| | | | |
|---|---|---|---|
| 雾茫茫 | 孤零零 | 红彤彤 | 黑黝黝 |
| 灰蒙蒙 | 轰隆隆 | 亮堂堂 | 蓝湛湛 |
| 绿油油 | 乱蓬蓬 | 慢腾腾 | 毛茸茸 |
| 热腾腾 | 软绵绵 | 喜洋洋 | 笑吟吟 |
| 清凌凌 | 血糊糊 | 沉甸甸 | 黑洞洞 |
| 闹嚷嚷 | 直挺挺 | 明晃晃 | 甜蜜蜜 |
| 火辣辣 | 金闪闪 | 湿漉漉 | 空落落 |

### 3.AABB式(第二个"A"读轻声,B音节念阴平)

| | | | |
|---|---|---|---|
| 别别扭扭 | 大大咧咧 | 大大方方 | 疯疯癫癫 |
| 风风火火 | 纷纷扬扬 | 干干净净 | 规规矩矩 |
| 浩浩荡荡 | 结结实实 | 哭哭啼啼 | 老老实实 |
| 慢慢悠悠 | 朦朦胧胧 | 明明白白 | 漂漂亮亮 |
| 轻轻松松 | 清清楚楚 | 曲曲折折 | 认认真真 |

| 热热闹闹 | 马马虎虎 | 商商量量 | 舒舒服服 |
| 痛痛快快 | 羞羞答答 | 弯弯曲曲 | 歪歪斜斜 |
| 稳稳当当 | 严严实实 | 整整齐齐 | 壮壮实实 |

## (四)轻声读音练习

### 1.常用的规律性强的单音轻声词练习

| 的:我的 | 大的 | 轻的 | 软的 | 直的 |
| 地:忽地 | 嗖地 | 轻轻地 | 认真地 | 随便地 |
| 得:懂得 | 觉得 | 显得 | 值得 | 认得 |
| 着:吃着 | 唱着 | 看着 | 拿着 | 听着 |
| 了:渴了 | 破了 | 输了 | 赢了 | 饿了 |
| 过:讲过 | 看过 | 听过 | 学过 | 住过 |
| 来:过来 | 看来 | 拿来 | 送来 | 走来 |
| 去:出去 | 过去 | 进去 | 送去 | 上去 |
| 上:地上 | 脸上 | 身上 | 天上 | 头上 |
| 下:床下 | 蹲下 | 记下 | 切下 | 坐下 |
| 里:房里 | 田里 | 屋里 | 抽屉里 | 教室里 |
| 边:里边 | 那边 | 上边 | 外边 | 这边 |
| 个:几个 | 两个 | 五个 | 有个 | 这个 |
| 子:盒子 | 盆子 | 梳子 | 椅子 | 桌子 |
| 头:奔头 | 跟头 | 看头 | 念头 | 想头 |
| 们:俺们 | 你们 | 他们 | 我们 | 咱们 |
| 么:多么 | 那么 | 什么 | 这么 | 怎么 |
| 哇:熬哇 | 粗哇 | 好哇 | 哭哇 | 走哇 |
| 呀:对呀 | 爬呀 | 谁呀 | 写呀 | 追呀 |
| 啦:没啦 | 算啦 | 行啦 | 醒啦 | 有啦 |
| 呢:笔呢 | 人呢 | 纸呢 | 板擦呢 | 课本呢 |
| 吗:沉吗 | 对吗 | 辣吗 | 甜吗 | 香吗 |
| 吧:讲吧 | 去吧 | 说吧 | 写吧 | 走吧 |

## 2. 常用必读轻声词练习（体会不同声调后的轻声调值）

**阴平+轻声**

| | | | |
|---|---|---|---|
| 巴结 bājie | 巴掌 bāzhang | 包袱 bāofu | 包涵 bāohan |
| 帮手 bāngshou | 编派 biānpai | 玻璃 bōli | 抽屉 chōuti |
| 出息 chūxi | 称呼 chēnghu | 搭理 dāli | 灯笼 dēnglong |
| 提防 dīfang | 多么 duōme | 嘟囔 dūnang | 东家 dōngjia |
| 风筝 fēngzheng | 高粱 gāoliang | 膏药 gāoyao | 甘蔗 gānzhe |
| 干粮 gānliang | 胳膊 gēbo | 棺材 guāncai | 官司 guānsi |
| 规矩 guīju | 机灵 jīling | 家伙 jiāhuo | 街坊 jiēfang |
| 窟窿 kūlong | 铺盖 pūgai | 欺负 qīfu | 亲戚 qīnqi |
| 清楚 qīngchu | 商量 shāngliang | 生意 shēngyi | 牲口 shēngkou |
| 疏忽 shūhu | 挖苦 wāku | 稀罕 xīhan | 先生 xiānsheng |
| 窝囊 wōnang | 休息 xiūxi | 消息 xiāoxi | 吆喝 yāohe |
| 芝麻 zhīma | 知识 zhīshi | 宽敞 kuānchang | 丫头 yātou |

**阳平+轻声**

| | | | |
|---|---|---|---|
| 裁缝 cáifeng | 柴火 cháihuo | 除了 chúle | 德性 déxing |
| 嘀咕 dígu | 福气 fúqi | 格式 géshi | 和气 héqi |
| 合同 hétong | 糊涂 hútu | 葫芦 húlu | 滑溜 huáliu |
| 黄历 huángli | 活泼 huópo | 唠叨 láodao | 咳嗽 késou |
| 累赘 léizhui | 篱笆 líba | 萝卜 luóbo | 麻烦 máfan |
| 玫瑰 méigui | 眉毛 méimao | 明白 míngbai | 名字 míngzi |
| 名堂 míngtang | 苗条 miáotiao | 门路 ménlu | 难为 nánwei |
| 蘑菇 mógu | 朋友 péngyou | 便宜 piányi | 婆家 pójia |
| 葡萄 pútao | 勤快 qínkuai | 舌头 shétou | 石榴 shíliu |
| 拾掇 shíduo | 熟悉 shúxi | 石匠 shíjiang | 随和 suíhe |
| 抬举 táiju | 头发 tóufa | 娃娃 wáwa | 玄乎 xuánhu |
| 行李 xíngli | 忙活 mánghuo | 邪乎 xiéhu | 营生 yíngsheng |
| 学问 xuéwen | 学生 xuésheng | 衙门 yámen | 云彩 yúncai |
| 油水 yóushui | 直溜 zhíliu | 妯娌 zhóuli | 琢磨 zuómo |

**上声+轻声**

| | | | |
|---|---|---|---|
| 本事 běnshi | 本钱 běnqian | 扁担 biǎndan | 打发 dǎfa |
| 打量 dǎliang | 打扮 dǎban | 点心 diǎnxin | 搅和 jiǎohuo |
| 姐夫 jiěfu | 考究 kǎojiu | 伙计 huǒji | 口袋 kǒudai |
| 喇叭 lǎba | 老实 lǎoshi | 了得 liǎode | 马虎 mǎhu |
| 脑袋 nǎodai | 扭捏 niǔnie | 女婿 nǚxu | 笸箩 pǒluo |
| 使唤 shǐhuan | 数落 shǔluo | 爽快 shuǎngkuai | 妥当 tuǒdang |
| 尾巴 wěiba | 委屈 wěiqu | 稳当 wěndang | 喜欢 xǐhuan |
| 小气 xiǎoqi | 早晨 zǎochen | 哑巴 yǎba | 眼睛 yǎnjing |
| 养活 yǎnghuo | 指望 zhǐwang | 枕头 zhěntou | 主意 zhǔyi |

**去声+轻声**

| | | | |
|---|---|---|---|
| 报应 bàoying | 簸箕 bòji | 别扭 bièniu | 伺候 cìhou |
| 凑合 còuhe | 豆腐 dòufu | 告示 gàoshi | 厚道 hòudao |
| 护士 hùshi | 故事 gùshi | 晃悠 huàngyou | 戒指 jièzhi |
| 客气 kèqi | 阔气 kuòqi | 困难 kùnnan | 木匠 mùjiang |
| 认识 rènshi | 扫帚 sàozhou | 上司 shàngsi | 唾沫 tuòmo |
| 事情 shìqing | 似的 shìde | 做作 zuòzuo | 状元 zhuàngyuan |
| 外甥 wàisheng | 位置 wèizhi | 月亮 yuèliang | 相声 xiàngsheng |
| 下巴 xiàba | 笑话 xiàohua | 转悠 zhuànyou | 应酬 yìngchou |
| 怨气 yùnqi | 钥匙 yàoshi | 意思 yìsi | 丈夫 zhàngfu |

### 3.轻声与非轻声对比练习

子：

| | | | | |
|---|---|---|---|---|
| zi— | 被子 | 擦子 | 稻子 | 凳子 |
| | 碟子 | 斧子 | 孩子 | 汉子 |
| | 裤子 | 款子 | 盘子 | 瓶子 |
| | 刷子 | 摊子 | 条子 | 靴子 |
| | 院子 | 枣子 | 侄子 | 桌子 |
| zǐ— | 才子 | 菜子 | 赤子 | 弟子 |
| | 电子 | 分子 | 瓜子 | 离子 |
| | 莲子 | 逆子 | 女子 | 棋子 |

|  | 松子 | 孝子 | 学子 | 游子 |
|---|---|---|---|---|
|  | 原子 | 独生子 | 私生子 | 伪君子 |

头：

| tou— | 锄头 | 对头 | 风头 | 搞头 |
|---|---|---|---|---|
|  | 罐头 | 后头 | 户头 | 来头 |
|  | 码头 | 木头 | 念头 | 拳头 |
|  | 盼头 | 势头 | 舌头 | 丫头 |
| tóu— | 带头 | 点头 | 工头 | 回头 |
|  | 口头 | 叩头 | 开头 | 龙头 |
|  | 埋头 | 起头 | 齐头 | 杀头 |
|  | 山头 | 先头 | 针头 | 钟头 |

**4.具有区别词性、词义功能的轻声词练习**

本事　（非轻声,指原事、实事;轻声,指能力、本领。）

差使　（非轻声,指派遣、使唤;轻声,指临时委派的职务。）

聪明　（非轻声,指听觉视觉灵敏,明察事理;轻声,指天资高,智力强。）

大爷　（非轻声,指旧时大户人家的仆役对排行居长的少主的称呼。轻声,指①伯父;②对年长男子的尊称。）

大方　（非轻声,指见识广博或有专长的人。轻声,指①不吝啬;②不俗气;③不拘束。）

大意　（非轻声,指主要的意思;轻声,指疏忽、不注意。）

大夫　（非轻声,dàfū指古代的官职名;轻声,dàifu指医生。）

地方　（非轻声,指中央下属的各级行政区的统称;轻声,指区域空间。）

地道　（非轻声,指地下通道;轻声,指真正的、纯粹的。）

地下　（非轻声,地面之下;轻声,地面上。）

东西　（非轻声,指方位;轻声,指物品。）

对头　（非轻声,指①对面;②正常;③正确。轻声,指仇人、对立的方面。）

翻腾　（非轻声,指上下滚动,翻动;轻声,指使物体移动,搜寻。）

方便　（非轻声,一般指排泄大小便;轻声,指便利。）

故事　（非轻声,指旧业旧事、往事典故;轻声,真实的或虚构的用作讲述对象的事情。）

精神　（非轻声,指心神,人的思维活动和心理状态等;轻声,指充满活力,有生气。）

老子　（非轻声,指春秋时期的思想家李耳,尊称老子;轻声,俗称父亲。）

利害　（非轻声,指利益和损害;轻声,指厉害。）

买卖　（非轻声,指动词买和卖的意思;轻声,指名词生意的意思。）

便宜　（非轻声,biànyí,指方便适宜,顺当便利;轻声,piányi,一般指物体的价格低。）

孙子　（非轻声,指春秋时期的兵法家孙膑,尊称孙子;轻声,指儿子的儿子。）

下场　（非轻声,指退场;轻声,指结局。）

下水　（非轻声,是动宾结构,指进入水中;轻声,指食用的牲畜的内脏。）

运气　（非轻声,是动宾结构,指练气功时把气贯注到身体的某一部分;轻声,是名词指命运。）

造化　（非轻声,指自然界的创造化育,也指自然界本身;轻声,指运气、福分。）

照应　（非轻声,指配合呼应;轻声,指照料。）

琢磨　（非轻声,zhuómó,指雕琢玉石;轻声,zuómo,指思考、考虑。）

## (五)儿化读音练习

### 1.常用儿化词举例与读音练习

| | | |
|---|---|---|
| 宝盖儿 bǎogàir | 被套儿 bèitàor | 背心儿 bèixīnr |
| 笔芯儿 bǐxīnr | 差点儿 chàdiǎnr | 茶馆儿 cháguǎnr |
| 唱片儿 chàngpiānr | 刀把儿 dāobàr | 豆芽儿 dòuyár |
| 逗笑儿 dòuxiàor | 单弦儿 dānxiánr | 粉末儿 fěnmòr |
| 高个儿 gāogèr | 瓜子儿 guāzǐr | 足球儿 zúqiúr |
| 好事儿 hǎoshìr | 红裙儿 hóngqúnr | 花瓶儿 huāpíngr |
| 蝴蝶儿 húdiér | 口袋儿 kǒudàir | 课文儿 kèwénr |
| 课本儿 kèběnr | 裤兜儿 kùdōur | 快板儿 kuàibǎnr |
| 脸蛋儿 liǎndànr | 零碎儿 língsuìr | 刘海儿 liúhǎir |
| 柳条儿 liǔtiáor | 露馅儿 lòuxiànr | 米花儿 mǐhuār |
| 没准儿 méizhǔnr | 没词儿 méicír | 没信儿 méixìnr |
| 煤球儿 méiqiúr | 名角儿 míngjuér | 名牌儿 míngpáir |

| | | |
|---|---|---|
| 墨水儿 mòshuǐr | 藕片儿 ǒupiànr | 小鸡儿 xiǎojīr |
| 刨根儿 páogēnr | 傻劲儿 shǎjìnr | 山尖儿 shānjiānr |
| 山歌儿 shāngēr | 手印儿 shǒuyìnr | 手绢儿 shǒujuànr |
| 树枝儿 shùzhīr | 水纹儿 shuǐwénr | 甜头儿 tiántóur |
| 小鱼儿 xiǎoyúr | 鞋带儿 xiédàir | 雪人儿 xuěrénr |
| 腰板儿 yāobǎnr | 一块儿 yīkuàir | 一点儿 yīdiǎnr |
| 有点儿 yǒudiǎnr | 有趣儿 yǒuqùr | 抓阄儿 zhuājiūr |

**2. 后鼻音儿化词的练习（主要元音要鼻化）**

| | | |
|---|---|---|
| 鼻梁儿 bíliángr | 帮忙儿 bāngmángr | 打晃儿 dǎhuàngr |
| 蛋黄儿 dànhuángr | 赶趟儿 gǎntàngr | 酒盅儿 jiǔzhōngr |
| 没影儿 méiyǐngr | 门缝儿 ménfèngr | 夹缝儿 jiáfèngr |
| 花样儿 huāyàngr | 钢镚儿 gāngbèngr | 透亮儿 tòuliàngr |
| 提成儿 tíchéngr | 香肠儿 xiāngchángr | 小熊儿 xiǎoxióngr |
| 小虫儿 xiǎochóngr | 小羊儿 xiǎoyángr | 小葱儿 xiǎocōngr |
| 药方儿 yàofāngr | 火星儿 huǒxīngr | 眼镜儿 yǎnjìngr |

**3. 儿化与非儿化分辨练习**

儿化：

| | | |
|---|---|---|
| 雏儿 chúr | 髻儿 jìr | 份儿 fènr |
| 口儿 kǒur | 面儿 miànr | 明儿 míngr |
| 哪儿 nǎr | 那儿 nàr | 皮儿 pír |
| 球儿 qiúr | 圈儿 quānr | 塞儿 sāir |
| 食儿 shír | 头儿 tóur | 偷儿 tōur |
| 味儿 wèir | 馅儿 xiànr | 这儿 zhèr |
| 嘴儿 zuǐr | 杏儿 xìngr | 心儿 xīnr |
| 猪蹄儿 zhūtír | 笔杆儿 bǐgǎnr | 小曲儿 xiǎoqǔr |
| 打盹儿 dǎdǔnr | 脚丫儿 jiǎoyār | 灯泡儿 dēngpàor |
| 花瓣儿 huābànr | 玩意儿 wányìr | 没门儿 méiménr |
| 毛驴儿 máolǘr | 挑刺儿 tiāocìr | 花瓶儿 huāpíngr |

非儿化：

| | | |
|---|---|---|
| 孤儿 gū'ér | 健儿 jiàn'ér | 男儿 nán'ér |

小儿 xiǎo'ér　　　　女儿 nǚ'ér　　　　弃儿 qì'ér

妻儿 qī'ér　　　　胎儿 tāi'ér　　　　幼儿 yòu'ér

婴儿 yīng'ér　　　　混血儿 hùnxuè'ér

## (六)语气词"啊"的读音练习

### 1.前字末尾音素是a、o、e、ê、i、ü的练习

我真害怕啊!

就等你回家啊!

快去广播广播啊!

多么迷人的春色啊!

明天我们就上课啊!

还不快写啊!

原来是你啊!

你好厉害啊!

我好累啊!

用斧子锤啊!

外面好大的雨啊!

为什么还不出去啊!

### 2.前字末尾音素是u(包括ao、iao)的练习

谁还要买书啊!

明天你到底去不去春游啊!

他的个子好高啊!

昨天才考完试,怎么今天还考啊!

笑啊! 叫啊!

她的手多巧啊!

### 3.前字末尾音素是n的练习

天多么蓝啊!

你好狠心啊!

她到底肯不肯啊!

这是他们在寻根啊!

**4.前字末尾音素是 ng 的练习**

多美的星星啊!

天气好冷啊!

好深的坑啊!

太阳好红啊!

**5.前字末尾音素是 -i[ʅ]的练习**

去公司啊!

好漂亮的字啊!

你真的是好自私啊!

你怎么又忘了这个单词啊!

**6.前字末尾音素是 -i[ʅ]、er 的练习**

病得抓紧治啊!

他是我们的新老师啊!

你排在第二啊!

这是我的女儿啊!

## 二、短文朗读练习

## 三、说话练习

1.朋友

2.我喜欢的职业(或专业)

3.过去的一年

4.向往的地方

5.谈服饰

6.谈传统美德

7.对亲情(或友情、爱情)的理解

8.家庭对个人成长的影响

### 拓展延伸

[1]黄伯荣,廖序东.现代汉语[M].增订6版.北京:高等教育出版社,2017.

[2]胡裕树.现代汉语(重订本)[M].上海:上海教育出版社,2019.

[3]林焘,王理嘉.语音学教程[M].2版.王韫佳,王理嘉,增订.北京:北京大学出版社,2013.

[4]李如龙.汉语方言学[M].2版.北京:高等教育出版社,2007.

[5]邓丹.普通话轻声感知特性再分析[J].语言文字应用,2019(01):66-75.

[6]王理嘉.儿化规范综论[J].语言文字应用,2005(03).

[7]张本楠.谈北京话上上连读时前一个上声之变调[J].语言文字应用,2012(S1):139-144.

# 第六章　普通话水平测试及训练

**【章目要览】**

普通话水平测试具有重要意义,是推广普通话工作的有效手段和重要组成部分。普通话水平测试要求朗读的音节读音完整、准确,音变符合规律和发音要求,语调自然流畅。而命题说话则要求语音准确,明确话题类型和主旨,"说"而不"诵",语调自然、语句流畅,词汇语法规范,避免方言成分。

**【相关知识】**

本章涉及语言测试、发音学以及方言学的相关知识。

**【重点提示】**

普通话水平测试的重要性;普通话水平测试对朗读的要求;普通话水平测试对说话的要求。

## 第一节　普通话水平测试概述

### 一、为什么要开展普通话水平测试

#### (一)推广普通话工作的重要组成部分

普通话是中华民族的共同语,是规范化的现代汉语,也是我国各地区、各民族之间的通用语言。罗常培、吕叔湘在《现代汉语规范问题》这篇文章中阐明:"语言的规范指的是某一语言在语音、词汇、语法各方面的标准。""共同的语言和规范化的语言是不可分割的,没有一定的规范就不可能做到真正的共同。"普通话水平测试正是根据多年推广普通话工作的经验和实际需要而出台的、进一步提高普通话规范程度的一项重大举措。推广普通话,促进语言规范化,是汉语发展的总趋势。普通话水平测试工作的健康开展必将对社会的语言生活产生深远的影响。

### (二)落实普及普通话的质的要求

普通话水平测试是根据需要对应试人运用普通话所达到的标准程度的检测和评定。通过普通话水平测试,可以评定应试人普通话水平所达到的等级。周恩来总理早在《当前文字改革的任务》这个报告中就说过:"推广以北京语音为标准音的普通话,并非要求全体汉族人民都能说得像北京人一样,这样既不可能,也是不必要的。北京语音是个标准,有个标准就有了个方向,大家好向它看齐。但是在具体推广和教学工作中,对不同对象应有不同的要求。"他举例说明了对哪些人应该严一些,对哪些人可以宽一些。之后几十年来的推普工作中也一直讲对不同地区、不同部门、不同行业、不同年龄的人应该有不同的要求,但是始终没有明确提出究竟对哪些人有哪些不同的要求。直到1986年初的全国语言文字工作会议上才正式提出普通话水平可以分为相当标准的、比较标准的、一般的这样三级的设想。20世纪90年代初国家语委进一步提出三级六等的标准,并印发各省参照试行。这是重要的一步,但是光有标准还不够,还需要确定:哪类人应该达到哪个等级,各类人里的个体是否达到了规定等级。前者要由有关行政部门做出规定,后者就只有通过科学的测试才能解决。所以,普通话水平测试正是为了贯彻执行普通话等级标准、逐步推行普通话等级证书制度而采取的一个必不可少的配套措施。

### (三)更好地贯彻新时期推普工作方针的有效手段

根据形势的要求和工作的进程,国家语委经过多次研究论证认为,新时期推广普通话的方针应及时调整为"大力推行,积极普及,逐步提高"。开展普通话水平测试则是为适应新时期推广普通话工作新形势的需要而做出的一项重要决策。普及只有在提高指导下才能事半功倍,在普及的过程中,必然会出现逐步提高的趋势,否则普的工作不能巩固,普及的水准也达不到满足一般社会交往的需要。提高,则是在普及基础上的提高。因此,普及与提高是辩证统一的关系,普及工作本身就包含着一定质的要求。全面贯彻新时期推普工作的方针要做许多工作,开展普通话水平测试则是中心一环。开展普通话水平测试能促进普通话的进一步普及,并在普及的基础上逐步提高全社会普通话水平,提高现代汉语的规范化程度。普通话水平测试工作的开展将有力地提高全社会的语言规范意识,有效地促进语言运用的规范化、标准化。

**(四)促进推普工作进一步走上制度化、规范化、科学化的轨道**

新时期推普工作有许多经验可以总结。"目标管理,量化评估"是其中行之有效的一条,现在再加上水平测试,对地区、部门、行业、单位面上实行目标管理、量化评估,对推普重点行业单位的人员进行普通话水平测试。把这二者有机地结合起来,并以此为核心,逐步建立起一套完整的、有效的推普工作制度体系,就能使推普工作逐步制度化、规范化、科学化。

## 二、普通话水平测试的性质

普通话水平测试的性质是由普通话水平测试的实际决定的:第一,普通话水平测试是应试人的现代汉语标准语水平测试,不是外语测试。第二,是语言运用能力的测试,而且主要侧重在语言形式规范程度的测试,不是语言知识测试,也不是表达技巧测试,更不是文化考试,尽管这种测试跟知识、表达技巧、文化水平都有一定的关系。第三,掌握知识或培养能力的过程是一个从极端生疏到完全熟练的连续体,一个人的成就水平总是在这个连续体的某一点上,并显示在他完成某种测试的行为中。为了评定他的成就水平,我们只有通过测试来确定他的成就与所期望的目标之间的接近程度。在这种测试中,与应试人的操作做比较的标准可以是这个连续体上的某一点,也可以是连续体的终端。这主要取决于测试的目的。普通话水平测试的直接目的,就是以普通话语音、词汇、语法规范(即普通话水平等级标准的一级甲等)为参照标准,通过测试评定应试人普通话口语水平接近这一标准的程度,即评定他所达到的水平等级,为逐步实现持证上岗服务。所以普通话水平测试实际上也是一种资格证书考试。

由此可见,普通话水平测试是对应试人掌握和运用普通话所达到的规范程度的检测。它的着眼点是要确定应试人中谁已经达到普通话等级的哪一级哪一等,从而确定他是否达到工作岗位所要求的最低标准;而不是从应试人中选拔出若干优秀者,淘汰若干水平差的,并不是通过测试分清应试人相互之间水平等级差别。因此,普通话水平测试基本上属于目前比较通行的"标准参照性测试"或"达标性测试"的范围。

## 三、普通话水平测试的形式

普通话水平测试不是普通话系统知识的考试,不是文化水平的考核,也不是口才的评估,而是对应试人运用普通话所达到的标准程度的检测和评定。为了便于操作和突出口头检测的特色,普通话水平测试一律采用录音并使用计算机辅助测试的方式进行。测试以有文字凭借和没有文字凭借两种方式进行。

## 四、普通话水平测试试卷的构成及评分

试卷包括4个组成部分,满分为100分。

**1. 读单音节字词(100个音节,不含轻声、儿化音节),限时3.5分钟,共10分。**

目的:测查应试人声母、韵母、声调读音的标准程度。

评分:语音错误,每个音节扣0.1分;语音缺陷,每个音节扣0.05分;超时1分钟以内,扣0.5分,超时1分钟以上(含1分钟),扣1分。

**2. 读多音节词语(100个音节),限时2.5分钟,共20分。**

目的:测查应试人声母、韵母、声调和变调、轻声、儿化读音的标准程度。

评分:语音错误,每个音节扣0.2分;语音缺陷,每个音节扣0.1分;超时1分钟以内,扣0.5分,超时1分钟以上(含1分钟),扣1分。

**3. 朗读短文(1篇,400个音节),限时4分钟,共30分。**

目的:测查应试人使用普通话朗读书面作品的水平。在测查声母、韵母、声调读音标准程度的同时,重点测查连读音变、停连、语调以及流畅程度。

评分:

(1)每错1个音节,扣0.1分;漏读或增读1个音节,扣0.1分。

(2)声母或韵母的系统性语音缺陷,视程度扣0.5分、1分。

(3)语调偏误,视程度扣0.5分、1分、2分。

(4)停连不当,视程度扣0.5分、1分、2分。

(5)朗读不流畅(包括回读),视程度扣0.5分、1分、2分。

(6)超时扣1分。

**4.命题说话,限时3分钟,共40分。**

目的:测查应试人在无文字凭借的情况下说普通话的水平,重点测查语音标准程度、词汇语法规范程度和自然流畅程度。

评分:

(1)语音标准程度,共25分。分六档:

一档:语音标准,或极少有失误。扣0分、1分、2分。

二档:语音错误在10次以下,有方音但不明显。扣3分、4分。

三档:语音错误在10次以下,但方音比较明显;或语音错误在10~15次之间,有方音但不明显。扣5分、6分。

四档:语音错误在10~15次之间,方音比较明显。扣7分、8分。

五档:语音错误超过15次,方音明显。扣9分、10分、11分。

六档:语音错误多,方音明显。扣12分、13分、14分。

(2)词汇语法规范程度,共10分。分三档:

一档:词汇、语法规范。扣0分。

二档:词汇、语法偶有不规范的情况。扣1分、2分。

三档:词汇、语法屡有不规范的情况。扣3分、4分。

(3)自然流畅程度,共5分。分三档:

一档:语言自然流畅。扣0分。

二档:语言基本流畅,口语化较差,有背稿子的表现。扣0.5分、1分。

三档:语言不连贯,语调生硬。扣2分、3分。

说话不足3分钟,酌情扣分:缺时1分钟以内(含1分钟),扣1分、2分、3分;缺时1分钟以上,扣4分、5分、6分;说话不满30秒(含30秒),本测试项成绩计为0分。

*说明:各省(自治区、直辖市)语言文字工作部门可以根据测试对象或本地区的实际情况,决定是否测"选择判断"项。如测试此项,"命题说话"测试项的分值由40分调整为30分。评分档次不变,具体分值调整如下:

(1)语音标准程度的分值,由25分调整为20分。

一档:扣0分、0.5分、1分。

二档:扣1.5分、2分。

三档:扣3分、4分。

四档:扣5分、6分。

五档:扣7分、8分、9分。

六档:扣10分、11分、12分。

(2)词汇语法规范程度,由10分调整为5分。

一档:扣0分。

一档:扣0.5分、1分。

一档:扣2分、3分。

(3)自然流畅程度,各档分值不变。

如有选择判断测试,评分要点如下:

选择判断,限时3分钟,共10分。

(1)词语判断(10组)

目的:测查应试人掌握普通话词语的规范程度。

评分:判断错误,每组扣0.25分。

(2)量词、名词搭配(10组)

目的:测查应试人掌握普通话量词和名词搭配的规范程度。

评分:搭配错误,每组扣0.5分。

(3)语序或表达形式判断(5组)

目的:测查应试人掌握普通话语法的规范程度。

评分:判断错误,每组扣0.5分。

选择判断合计超时1分钟以内,扣0.5分;超时1分钟以上(含1分钟),扣1分。答题时语音错误,每个错误音节扣0.1分;如判断错误已经扣分,不重复扣分。

# 五、普通话水平测试模拟试卷

## (一)读100个单音节字词

| 冰 | 泳 | 宋 | 婆 | 润 | 石 | 恩 | 兄 | 孩 | 从 |
|---|---|---|---|---|---|---|---|---|---|
| 妞 | 笙 | 匹 | 夸 | 描 | 该 | 春 | 顶 | 汤 | 您 |
| 虹 | 嘴 | 痤 | 营 | 对 | 肥 | 辆 | 诚 | 邹 | 骟 |
| 炯 | 鬘 | 鸣 | 框 | 爪 | 略 | 怎 | 魂 | 舱 | 翁 |
| 尹 | 腮 | 坎 | 约 | 踹 | 儿 | 喻 | 札 | 黑 | 灭 |
| 骗 | 癣 | 宙 | 凝 | 否 | 特 | 吕 | 乖 | 四 | 邮 |

| | | | | | | | | | |
|---|---|---|---|---|---|---|---|---|---|
| 说 | 停 | 口 | 恽 | 枕 | 聂 | 铅 | 燃 | 理 | 爹 |
| 陶 | 炒 | 份 | 恍 | 港 | 确 | 僵 | 霞 | 虐 | 蕊 |
| 镖 | 朱 | 臊 | 群 | 絮 | 佛 | 增 | 俩 | 册 | 傻 |
| 雁 | 眷 | 缩 | 惹 | 君 | 券 | 瞟 | 俯 | 酸 | 耳 |

(二)读多音节词语(100个音节,其中含双音节词语45个,三音节词语2个,四音节词语1个)

| | | | | |
|---|---|---|---|---|
| 创作 | 层面 | 撤回 | 赞扬 | 上哪儿 |
| 脑袋 | 团结 | 而且 | 短期 | 夸奖 |
| 确认 | 老翁 | 指头 | 询问 | 皮筋儿 |
| 冰冷 | 纽扣 | 标准 | 狭义 | 废渣 |
| 胸口 | 允许 | 师傅 | 去年 | 跑腿儿 |
| 滚烫 | 粗略 | 凉水 | 自私 | 乳牛 |
| 随和 | 永远 | 流星 | 瞄准 | 旦角儿 |
| 邀请 | 加工 | 盆地 | 操纵 | 充满 |
| 陈述 | 快速 | 研究 | 落户 | 参与 |
| 现代化 | 委员会 | 轻描淡写 | | |

(三)朗读短文:请朗读第12号短文。

(四)命题说话:请按照话题"我的业余生活"或"我熟悉的地方"说一段话。(3分钟)

## 第二节 普通话水平测试对朗读的要求

朗读是把无声文字转化为有声语言的一种再创造性的言语活动。普通话水平测试中,与朗读有关的测试项有三项:①读单音节字词;②读多音节词语;③朗读短文。普通话水平测试的朗读过程实际上是应试人展示自己将文字转化为语言以及由此所体现出来的掌握普通话规范程度的过程。通过朗读可以了解应试人的发音能力,考查其普通话水平及汉字字音规范水平。朗读重点考查应试人掌握普通话声、韵、调、音变、语调的情况,具体要求为:①音节的读音要准确、完整;②音变要符合普通话的音变规律及其发音要求;③语调应自然流畅。语调与字调、句调、轻重、停顿、语速都有关系。在朗读时,应按普通话中这些语音现象的发音要求来规范自己的发音,做到语音准确、吐字清楚、语速适当、停顿规范,语调不带方言色彩。

普通话水平测试中,应试人应明确朗读对象,熟悉朗读的文字内容,特别要注意以下几方面。

## 一、注意音节读音的准确与完整

语音是语言的物质基础,一个人说出来的话要想让别人能正确理解,语音准确是必要条件。语音准确也是普通话水平测试对朗读的基本要求。在朗读时,音节的读音应符合普通话音系,不应有方言的声、韵、调出现;完整则是针对无须变调的音节而言。要求音节读音的准确与完整主要是指第一测试项。在日常生活的自然语言中,音节与音节间会相互影响,产生同化、异化、弱化、脱落等语流音变现象。但在第一测试项中,则要求应试人将每个字音都发得十分到位、完整。具体要求是:

(1)字头要咬字清晰,发音部位要准确。

(2)字腹要饱满、圆润。注意元音舌位的高低、前后、嘴唇的圆展到位;复韵母舌位动程要明显。

(3)字尾要注意归音。如以元音收尾的音节 ao、ou、iu 等收尾时要注意圆唇度;以 n、ng 收尾的音节要注意归音到这两个辅音成阻的部位上去。

(4)注意音节要有适度的音长。要做到这一点,必须达到两方面的要求:一是声母、韵母要保持完整性;二是声调要保证有一定的时值和滑动感。

## 二、注意音变的发音规范

在第二、第三测试项中,除了考查应试人最基本的声、韵、调外,还要考查应试人掌握轻声、儿化、连续音变等音变现象的规范程度。普通话水平测试中,音变要符合普通话的音变规律及其发音要求。音变现象在普通话和汉语的各个方言中都存在,两者在音变规律及发音要求上有或大或小的差异,在普通话水平测试的过程

中,如不按普通话音变规律变读音节,或按方言的发音习惯变读音节,都会被视为语音错误。应试人应尤其注意以下几个问题:

### (一)轻声词的发音要规范

我国各大方言区中,有些方言没有与普通话完全等同的轻声。发准轻声词,要注意以下两个方面的问题:

一是轻声音值不规范。我们知道,轻声本身没有固定的音高,它的调值是随相邻前一音节的声调变化而变化的。一般来说,轻声在上声之后调值最高,如"奶奶、婶婶";在阴平、阳平之后稍低,如"妈妈、爷爷";在去声之后最低,如"对付、意思"。在朗读过程中,要念准轻声音节实际的音值。

二是轻声词语范围的确定。轻声词的存在,对于表达意义,加强语言起伏、抑扬顿挫的音韵效果有一定积极作用,有些复音词轻读与否还有区别词义的作用。在复音词中,除带后缀成分,如"子""头"的必须读轻声外,一般并无规律可循,大多是按习惯轻读,而这一部分词语也正是方言区的应试人必须掌握却又难以掌握的。解决问题的途径是:多读、多听、多记,在语言实践中去感受、体会,尽量培养、增强自己的普通话语感。

### (二)儿化韵的发音要规范

儿化是普通话中一个重要的语音现象,后缀"儿"字不自成音节,而和前一个音节合在一起,使前一音节的韵母成为卷舌的韵母。在汉语的各方言中,也有儿尾和儿化韵的情况,只是方言中的儿化现象和普通话中的儿化现象无论在发音还是儿化范围上都有或大或小的区别。在测试的过程中,要注意避免方音的影响,不能将方言中的儿化发音带到普通话的儿化中来,造成儿化韵的舌位不正确。同时,还要注意儿化的范围。凡《现代汉语词典》或《普通话水平测试实施纲要》(简称《纲要》)中明确注音为儿化韵的,都应读作儿化韵。在《纲要》所规定的朗读篇目中,虽没有明确标出"儿尾",但表示细小、喜爱、亲切等感情色彩时或习惯上读作儿化韵的,一般可以读作儿化韵。

### (三)连续变调的发音要规范

在普通话语流里,音节与音节之间会相互影响,基本调值会发生变化,这就是连续变调。连续变调中,上声的变调最为突出,也是方言区的人学普通话时最难以掌握的。除上声变调外，"一"和"不"的特殊变调也是我们在学习普通话的过程中需要注意的，以上两种变调的发音要领在本书第五章中有较为详细的阐述，这里就不再赘述。

总之，在普通话水平测试的过程中，一定要按普通话音变规律变读音节。

## 三、克服语音缺陷

《纲要》在第一、二测试项中，明确提出了语音缺陷的扣分标准。语音缺陷是指普通话水平测试中未把一个音位发为另一个音位，但尚未达到标准音位的现象，即声母、韵母、声调的发音位置不够准确而使音节不够完整，音色不够纯正。

出现语音缺陷的主要原因是受方言的影响，其次还有生活语言的随意性、个人生理特征、对普通话语音标准的片面理解、缺乏与普通话水平测试相关的知识准备等原因。语音缺陷的具体表现为：

### （一）声母的语音缺陷

1. 舌尖后塞擦音、擦音 zh、ch、sh、r 的发音部位靠前或过于靠后。
2. 发舌尖前音 z、c、s 时舌尖前伸过多，发成了齿间音，即俗话所说的"大舌头"。
3. 鼻边音 n、l 听感含混、模糊，即将 n 发得像 l，l 发得类似 n，但又未完全发成另一音素。
4. 发舌面前音 j、q、x 时，发音部位靠前，舌尖起了过多的作用，气流在舌尖与上齿背部位形成阻碍，发出近似于 z、c、s 的音。

### （二）韵母的语音缺陷

1. 发单韵母时没有正确掌握舌位的高低、前后和唇形的圆展：开口呼韵母的开口度明显不够；合口呼、撮口呼的韵母圆唇度明显不够；发 e 时舌根太紧张或太松弛。
2. 发复韵母时舌位动程不够明显，主要元音没有"拉开立起"，读得不够准确响亮。
3. 读带韵尾的复韵母时归音不够准确到位，尤其是 n、ng 两个鼻音韵尾的归音不好。
4. 发 er 时舌头僵硬，不能自然卷起，或虽能卷舌但口张得太大。
5. 后鼻韵尾的位置不准确，尤其是 ing、eng 两个韵母。

### (三)声调的语音缺陷

1.声调调形、调势基本正确,但调值整体明显偏低或偏高,特别是四声的相对高点或低点明显不一致。

2.声调的相对音高不稳定;在朗读中,同一声调的字相对音高应该是一致的,比如阴平的调值是55,如前面读成55,而后来读成44,就形成了语音缺陷。

3.上声的调值不全;上声的调值是214,调型为先降后升,如只降不升则形成了语音缺陷(在不产生音变的情况下)。

4.阳平的调值不准;阳平是调值为35的中高调,如果把它的调值读成24、45等就产生了语音缺陷。

5.方言与普通话调类相同而调值相异的声调,在矫正方音时调值不够规范。

在第二测试项中,语音缺陷除以上内容外,还包括变调、轻声、儿化韵读音不完全符合要求的情况。

语音缺陷虽然不是语音错误,但缺陷多了便会影响语音面貌,进而会影响测试成绩,所以一定要下决心克服语音缺陷。克服语音缺陷,应从以下几方面着手:

1.加强对单音节吐字归音的训练。对字头的咬字部位要准确,要有适当的力度,要求"叼住弹出"。对字腹要求"拉开立起"。主要元音要保持足够的开口度,字音圆润饱满。对字尾的处理要求归音到位,自然收尾。

2.加强有声阅读的训练。有许多语音缺陷跟标准读音只有一步之遥,自己可能意识不到,纠正起来就更加困难,所以最好能请别人听或自己录音检查,发现问题,再反复做有针对性的练习,矫正缺陷。

3.对自己方言中与普通话有对应差异的音素进行重点纠正。因为很多难以克服的语音缺陷,归根到底是由方音造成的。

## 四、避免语调偏误

《纲要》在朗读项规定,语调偏误,视程度扣0.5分、1分、2分。人们在语流中用抑扬顿挫和其他语音变化来帮助表达思想感情的语音形式,就是"语调"。而语调偏误则是指普通话水平测试中语调形式不符合普通话规范的现象。具体说来,表现在以下几个方面:

1.进入语流之后的音高变化与普通话的差异。朗读过程中带有方言声调(字调)的痕迹,会在一定程度上影响普通话语调的准确性,是使语调产生偏误的一个重要原因。

2.语音轻重音关系的方言色彩是使语调产生偏误的另一个重要原因,包括以下几个方面:一是相异于普通话词语的轻重音格式,普通话双音节词语绝大多数是"中·重"的轻重音格式,在方言中有将一部分"中·重"格式的词语读作"重·轻"格式的现象,这就是明显的语调偏误了;二是轻声音节重读或轻声的读法不规范;三是语流中的重音关系有明显的方言色彩,包括逻辑重音、语法重音的错误等。

3.句子走向的调式及语调节律的方言色彩,包括语速、停顿、节拍群与普通话的差异。

4.重叠使用形容词的变调及语气助词"啊"的音变运用不准确,也会增加语调偏误的程度。

语调使有声语言具有极强的表现力,语调本身又具有在声母、韵母之上的游离性,与不同声韵调黏附的复杂性,在语流走势组合中的动态性,这些因素决定了避免语调偏误是一项系统而综合的工程。我们可以从以下几个方面着手练习:

1.加强普通话声母、韵母等基本功的练习,使自己的普通话语音尽量做到准确。虽然语调是游离在声母、韵母之上的,但同时也与它们紧密相关,语音越准确,出现语调偏误的可能性就越小。

2.加深对普通话语感的感受和认识,这是更重要的一点,逐步将不自觉的语言模仿化为自觉的语言习惯。

3.注重对标准普通话的语气、语调的学习和模仿,在语言实践中感知和体会,使自己的普通话语调更加自然、流畅,也更加纯正。

## 五、规范的停连

《纲要》在朗读测试项规定,"停连不当,视程度扣0.5分、1分、2分""朗读不流畅(包括回读),视程度扣0.5分、1分、2分"。这也是对实际测试过程中"该停不停、该连不连"的现象做出了明确的扣分说明。

停顿,狭义上是指有声语言表达过程中声音的暂时间歇、中断和休止。实际测试中,我们更关注的是此处该"停"还是该"连"(播音教学中明确称为"停连")。语流中,不停即连,"停连不当"也好,"朗读不流畅"也好,归根到底是朗读中的停顿是否符合普通话规范的问题。测试中,如出现停顿造成对一个双音节或多音节词语的肢解,或停顿造成对一句话、一段话的误解,明显改变了语义,这两种

"错误"的停顿会被视为"该连不连,即在不该停的地方停了"而被扣分。同样,朗读中虽无明显错误停顿,但每个意群停顿过长或因对朗读材料不够熟悉读得不够流畅,也会被扣分。

## 六、适当的语速

语速即语流速度,不仅表现为音节的长度,更明显地表现为音节与音节之间的疏密程度。《纲要》虽取消了关于语速的评分要素,但这并不意味着我们在朗读时语速可以偏快、偏慢或是忽快忽慢。语速偏快则声、韵、调可能会不到位,视为语音缺陷扣分;语速偏慢则会超时,而《纲要》对第一、二测试项及朗读测试项都做了明确的时间规定,超时会被扣分。语速忽快忽慢则是明显的语调偏误,同样会被扣分。语速是反映应试人朗读书面材料水平的主要方面之一,测试中,朗读第一、二测试项时应保持中等语速,朗读作品则可适当参考作品本身的基调。

## 第三节　普通话水平测试对说话的要求

这里的"说话"是指"命题说话",即普通话水平测试中的第四项。说话是综合性考查,是测试中难度较大的一项,也是测试中所占分值最多的一项,其目的是测查应试人在无文字凭借的情况下说普通话的水平,重点测查语音标准,词汇、语法规范程度和自然流畅程度。和朗读相比,说话属于应试人主动单项临场表达。命题说话这一测试项能真实地、全方位地反映应试人的语言状况,是其他几项测试所不能替代的。这一测试项得分的高低,将直接影响到整个测试等级的评定和得分的高低。在测试的过程中,要注意以下几个方面:

## 一、注意语音的准确

语音准确是贯穿整个普通话水平测试始终的一个基本要求,在"命题说话"这一测试项中也不例外,语音面貌依然是考查的重点。由于说话没有文字依托,用词、用句就不可能像朗读那样可以事先确定,所以更易受方音的影响。说话测试难就难在拿到一个话题稍作准备后,既要说得言之有物,语音又要求标准、规范,对于普通话水平不太高的人,这两个要求常常难以协调。顾了语音标准,顾不上说话内容;顾了说话内容,又顾不上语音标准。在测试中,应把注意力放在语音表达上,而不是放在篇章结构、用词造句等方面。要努力按普通话的声、韵、调及音变的发音规律来规范自己的发音,彻底纠正方音,难点音要多练习。如果没有把握,语速不宜太快,太快容易导致发音时口腔打不开,复元音舌位动程不够和语音缺陷增多等问题出现。只有在语音准确的基础之上兼顾其他方面才有意义,应试人如果在这一测试项中语音不够规范、错误百出,即使他所说的内容再吸引人、辞藻再华丽,测试也会是失败的。

## 二、明确话题主旨,把握话题类型

"命题说话"不纯粹是语言知识的测试,也不是表达技巧、口才的测试,但与它们不无关系。《纲要》为普通话水平测试提供了30个话题(话题名称详见本章第四节),测试时随机决定说话的题目。这30个话题在测试之前都得有所准备,因为普通话水平测试的"命题说话"属于有准备的说话,准备是否充分,与说话的效果有直接的关系。准备分成平时积累与临场准备两种。在平时的积累过程中,应对30个话题进行归并分类。归类之后,可对同类型话题的形式、风格等方面进行整体把握,而不必也不应该单个、逐一去死记硬背。这样,临场准备时,才能迅速根据类型话题的主要风格和主要线索,理清思路,组织表述的具体内容。

经过对30个话题的简单分析就会发现,它们不外乎归属叙事、说明、议论三大类。

1."我的愿望(理想)""我尊敬的人""童年的记忆""难忘的旅行""我的朋友""我的假日生活""我的成长之路""我的家乡(或熟悉的地方)""我向往的地方"等可归为叙事类。这一类话题应该是最容易说的,因为话题所涉及的范围都可以是亲身的经历或感受,我们只需要按事情发展的时间顺序往下说就行了。以"难忘的旅行"为例,我们可以先介绍哪一次旅行是难忘的(时间、地点、同伴等),再介绍为什么会是难忘的(列举几件印象深刻的事)。

2."我喜爱的职业""我知道的风俗""我喜欢的节日""我喜爱的文学(或其他艺术形式)""我喜欢的季节(或天气)"可归为说明类,这一类话题也应该比较容易说。因为我们可以选择自己熟悉的方面来展开阐述。在设计思路时,可以从一种事物的几个方面来进行说明或介绍。以"我喜欢的季节"为例,可以从是哪个季节、简单描述这个季节的特点、说明这个季节与其他季节相比的优点等几方面来展开说明和介绍。

3."谈谈卫生与健康""谈谈服饰""谈谈个人修养""谈谈对环境保护的认识""谈谈美食""谈谈科技发展与社会生活"则可归为议论类。这一类话题与前两类相比略有难度,需要有更强的概括能力和语言表达能力。首先应旗帜鲜明地亮出一个观点,再围绕这个观点言之有理地分层归纳,言之有物地展开评说,还可以用具体的事例来支持和证明自己的观点。

以上只是话题的一个大概分类,并非一成不变。在测试过程中,应根据实际情况,调整内容,理清思路,才能做到言之有物、言之有理。

值得一提的是,无论是平时积累还是临场准备,都应注意以下几点:

1.一定要用普通话思维。不少人用方言的习惯来思考,测试却要求用普通话来进行口语表达,这就有一个语言转化的过程。对于普通话不够标准、口语表达能力不够强的人来说,这个过程不容易在一瞬间完成,至少不容易在一瞬间准确完成,而测试时是不会有充足的时间让我们边想边说的。平时多说多练,养成用普通话思维的习惯,说话便会自然流畅。

2.不要将每一个话题写成一篇文章。即使有宽裕的时间,也不要事先写好稿子。写好的东西往往会缺少口语表达的特点,每一句话都事先设计好,说话就会显得生硬、死板,缺乏说话应有的生动性和随意性,这样效果反而很差。若想避免测试中无话可说的尴尬,准备一个比较具体的提纲(确定大致从哪些方面说)和充足的材料(说什么内容)也可以达到同样的效果。

## 三、注意语体色彩,"说"而不"诵"

说话重在一个"说"字,不是朗诵,不是背书,也不是演讲。既然是说话,就应该是日常口语表达时很自然的状态,在语音、词汇、语调、语气等方面都会与书面语有所区别。

### (一)语音方面

1.在"命题说话"这一测试项中,没必要也不应该像前几项测试一样追求字正腔圆,追求字音上的完美到位,否则会显得做作,像朗诵而不像说话。

2.在说话的过程中,轻声词、儿化韵出现的频率相对较高。轻声可使语言的节奏轻重有致,富于美感;儿化可增添语音韵味、增强话语的表现力。另外,重叠式形容词的变调也多用于口语中。

3.说话时,可根据不同的心境、情绪的变化运用不同的语调,使语调的变化显得更加丰富,更加生动活泼,更加直观可感。

### (二)词汇方面

一般来说,口语多用双音节词语、多音节词语、形象化词语和语气词,给人一种浅显、易懂、自然、朴素,富有生活气息的感觉。说话时,应多用口语词,少用或不用书面语词和文言词。

### (三)语法方面

由于说话具有与思维的协调同步性、表述形式的简散性、表达过程的临场性等特点,所以口语化的句式一般比较松散,句子较为短小、简洁,较少使用长句、整句和多重复句。必要时,可以把长句化短,整句化散,使用追加和插说的方法,少用或干脆不用关联词语。

## 四、语调自然,语句流畅

语调自然是指按照口语的语音、语调来说话。这与朗读不一样。朗读虽然最后也是落到口头语言的形式上来,但朗读的口语是经过加工提炼的口语,而说话的口语是实实在在的口语。语句流畅则是指话语连贯,语速适中,不中断,不结巴,不重复,不啰唆。

1.掌握好说话的语速。说话时语速可以比朗读稍微快一些。正常语速大约1分钟240个音节,根据说话内容、语气、情景的要求,稍快或稍慢也是可以的,但切忌过快或过慢。语速过快,相同时间内所说的音节增多,语音错误、方言词语、方言语气词等就会相应增多,不知不觉中就被扣掉了很多分。语速过慢,断断续续,边说边纠正发音错误,是说话不流畅的表现,流畅度方面也会被扣分。

2.避免过多重复、停顿。说话是脱口而出,难免有表达上的缺陷,尤其是在没有文字凭借的情况下要说出一段连贯的话来,难免会不完整,这时需要并可以重复。说话都是边想边说,难免会有停顿,正常的句读停顿、换气停顿和因表达需要而做的其他停顿也是允许的。但如果重复过多,停顿时间太长,"啊、这个、那个"等毫无表达作用的口头词语反复出现,或是同样的内容反反复复、颠三倒四地说,则会使整个说话显得支离破碎,严重影响语义表达的完整性和说话的自然流畅程度。

3. 消除心理障碍,把握测试重心,沉着应试。有的应试人在测试时,尤其是"命题说话"这一项时紧张、怯场,以至于出现思维混乱、语无伦次、错误频出、词不达意等现象,有的则因为前面出了一点儿差错就手忙脚乱,结果越错越慌,越慌越错,形成一种恶性循环。测试中,我们应该清楚地认识到,这一测试项的目的不在于考查说话的内容是否有新意,语言表述是否精彩,其重心是考查应试人的语音是否标准,词汇、语法是否规范,言语是否流畅。因此,不必在内容上花过多的时间,而应把重点放在如何用普通话去表述,如何使自己的语音标准,词汇、语法规范,语气自然,口语色彩浓厚,连贯流畅等方面。另外,如临场遇到一个陌生的话题,切忌慌张,应迅速理清思路,将该话题尽可能与自己原来熟悉的材料进行重新组合,流畅地说出这个题目的内容。

## 五、规范词汇、语法,避免方言成分

在"命题说话"这一测试项中,《纲要》明确规定了"词汇、语法规范程度"的分值与扣分归档。《纲要》指出:词汇、语法规范程度共占10分,分三档:一档,词汇、语法规范,扣0分;二档,词汇、语法偶有不规范的情况,扣1分、2分;三档,词汇、语法屡有不规范的情况,扣3分、4分。我们知道,汉语是一种方言分歧很大的语言。在方言与方言之间、方言与普通话之间的差异中,语音的差异比较大,词汇的差异次之,语法再次之。一般来说,方言区的人在日常生活里都说方言,一旦改说普通话,语音尤其是声调可能换过来了,而词汇、语法却一时换不过来,因而方言成分会自然而然地出现。因此,在"命题说话"这一测试项中,要注意克服方言影响,尽量避免用方言词语、方言习惯用语和方言句式,尤其是最易保留方言色彩的语气词。否则,便会说出"扯白""身架子""你走先""我有看"等不符合普通话规范的词汇和句子来,直接影响表达效果。

# 第四节　普通话水平模拟测试训练

## 一、单音节模拟测试训练

### (一)

| 港 | 穷 | 木 | 注 | 森 | 平 | 浴 | 霞 | 湍 | 彭 |
| 年 | 训 | 广 | 堪 | 炯 | 球 | 累 | 斯 | 某 | 捆 |
| 憨 | 匹 | 飒 | 浆 | 居 | 群 | 宰 | 瓮 | 苔 | 非 |
| 贴 | 脸 | 润 | 插 | 略 | 凑 | 垮 | 组 | 呆 | 掉 |
| 女 | 筷 | 偏 | 才 | 绢 | 诊 | 装 | 密 | 如 | 作 |
| 割 | 算 | 刘 | 侵 | 卜 | 逆 | 吹 | 叠 | 闪 | 缀 |
| 揩 | 凡 | 陇 | 葵 | 绷 | 舷 | 爵 | 日 | 尹 | 晨 |
| 号 | 紧 | 茶 | 馁 | 要 | 东 | 槐 | 邦 | 纸 | 井 |
| 热 | 您 | 掏 | 末 | 友 | 标 | 烈 | 浪 | 兴 | 昂 |
| 阅 | 条 | 正 | 浑 | 掐 | 王 | 村 | 泼 | 孰 | 良 |

### (二)

| 米 | 韵 | 恰 | 孩 | 得 | 连 | 常 | 九 | 睿 | 跟 |
| 削 | 堵 | 刀 | 逛 | 盘 | 今 | 兄 | 卖 | 霞 | 蜇 |
| 娘 | 会 | 聚 | 平 | 起 | 串 | 暂 | 人 | 夸 | 飘 |
| 衷 | 列 | 宾 | 辩 | 促 | 忙 | 帕 | 枯 | 贼 | 剃 |
| 杀 | 累 | 笋 | 波 | 此 | 元 | 梗 | 疼 | 防 | 频 |
| 阔 | 挑 | 说 | 岸 | 星 | 肥 | 干 | 沈 | 参 | 蔗 |
| 窗 | 谁 | 凑 | 弄 | 枪 | 特 | 咒 | 丝 | 鲁 | 舔 |
| 喊 | 懊 | 乱 | 囚 | 劝 | 斗 | 王 | 越 | 耳 | 步 |
| 烘 | 够 | 奋 | 外 | 尊 | 罚 | 绕 | 刚 | 悄 | 好 |
| 生 | 髋 | 垂 | 区 | 辍 | 枝 | 画 | 国 | 顶 | 井 |

### (三)

| 放 | 边 | 铐 | 凡 | 灶 | 善 | 瘦 | 姜 | 克 | 拼 |
| 路 | 驼 | 韵 | 胜 | 忘 | 峡 | 没 | 弟 | 良 | 奔 |

旺　你　彪　软　凶　风　茄　您　康　车
村　谬　昆　哑　对　卵　瓜　去　佝　直
陪　耳　藏　工　长　抢　梯　咱　弯　据
馋　分　追　砸　癣　流　挑　摔　随　偏
跪　脏　苹　子　不　线　别　色　昂　身
草　涛　名　烈　害　麻　融　润　竿　光
林　聂　坡　田　讴　求　蒲　索　究　倦
凝　恐　互　去　火　呆　粗　栏　森　拟

（四）

生　挑　日　砖　帮　口　大　牛　队　费
外　拆　女　铮　垂　文　里　词　细　并
耍　否　粗　蚕　面　听　胃　儿　贫　粥
前　下　挪　浇　乌　莫　佣　良　门　香
嘴　串　熊　裙　拒　村　露　峰　二　然
漂　吃　零　胯　扯　瑾　嫩　崴　撒　黄
拽　兴　黑　栽　吞　航　嚷　漏　肿　散
接　四　乖　环　癣　鸭　洋　客　味　雀
蟹　更　丢　抡　做　跌　拔　油　伏　公
横　军　傻　略　瓮　炮　润　闹　塞　养

（五）

青　层　黑　赊　笋　徐　拔　静　震　克
柴　登　如　四　因　仍　吨　坐　姓　和
顷　吹　债　疼　丰　雨　繁　益　香　民
脱　砸　恶　傻　冷　居　跃　锁　零　现
人　哥　罗　糟　女　精　遵　政　北　冰
伦　半　类　此　暗　场　扭　圣　崩　名
拾　才　仓　亲　车　过　疮　摆　毕　还
随　臭　锯　神　荣　吃　装　腾　解　互
萌　撒　睬　没　恨　仲　拿　丁　火　眠
中　憋　唇　杂　忍　瓦　哲　雅　掠　闽

## 二、多音节模拟测试训练

### （一）

| | | | | |
|---|---|---|---|---|
| 诚意 | 黑暗 | 符合 | 滑冰 | 萝卜 |
| 审查 | 皮层 | 总理 | 全能 | 刀把儿 |
| 穷人 | 掂量 | 率领 | 婚姻 | 仁慈 |
| 夏装 | 云彩 | 而且 | 难怪 | 锅贴儿 |
| 辅佐 | 科学 | 花鸟 | 漂亮 | 金鱼儿 |
| 假条 | 毛巾 | 规矩 | 灭亡 | 拼命 |
| 瓦匠 | 熨斗 | 思维 | 非常 | 蒜瓣儿 |
| 日冕 | 缺口 | 许可 | 法律 | 减缩 |
| 铁道 | 丧失 | 原则 | 观众 | 碎步儿 |
| 圆舞曲 | 偶然性 | 弄虚作假 | | |

### （二）

| | | | | |
|---|---|---|---|---|
| 选民 | 原野 | 女神 | 月夜 | 老翁 |
| 寻常 | 婆家 | 绿肥 | 虐待 | 包干儿 |
| 拐杖 | 黄金 | 吞咽 | 运行 | 创刊 |
| 润滑 | 短小 | 钻石 | 快乐 | 有点儿 |
| 风筝 | 穷苦 | 冰箱 | 游泳 | 绕远儿 |
| 猕猴 | 火腿 | 气愤 | 可怕 | 论理 |
| 武断 | 采集 | 逗留 | 迸发 | 脖颈儿 |
| 美容 | 架设 | 夸奖 | 册封 | 踏步 |
| 四十 | 拉拢 | 而且 | 窗户 | 武艺 |
| 农作物 | 锦标赛 | 得心应手 | | |

### （三）

| | | | | |
|---|---|---|---|---|
| 材料 | 南边 | 流畅 | 画室 | 存款 |
| 躯体 | 伪装 | 荆棘 | 白薯 | 豆芽儿 |
| 调和 | 悬殊 | 迅猛 | 螺丝 | 月饼 |
| 圆锥 | 疟疾 | 陨石 | 舞场 | 巧劲儿 |

| 拐弯 | 黄色 | 吞食 | 滋润 | 短跑 |
| --- | --- | --- | --- | --- |
| 穷困 | 蜜蜂 | 寡妇 | 盆地 | 小瓮儿 |
| 打铁 | 耳坠 | 他乡 | 搬迁 | 优美 |
| 软骨 | 部署 | 浓烈 | 笨拙 | 金鱼儿 |
| 赔偿 | 否认 | 奶奶 | 夜色 | 参考 |
| 甲骨文 | 创造性 | 举足轻重 | | |

（四）

| 圆满 | 旅行 | 创造 | 委婉 | 飞翔 |
| --- | --- | --- | --- | --- |
| 管理 | 抽象 | 奏章 | 森林 | 雨点儿 |
| 蹩脚 | 花蕊 | 蓊郁 | 闹腾 | 跟随 |
| 而是 | 恰如 | 自得 | 夜色 | 烟卷儿 |
| 假若 | 平庸 | 念叨 | 歪曲 | 筷子 |
| 歹徒 | 指责 | 抓紧 | 飘浮 | 板擦儿 |
| 迷茫 | 培养 | 洒脱 | 温柔 | 冤枉 |
| 云海 | 能干 | 土气 | 快乐 | 一顺儿 |
| 触手 | 腊月 | 快速 | 存款 | 留念 |
| 放射性 | 大气层 | 刻不容缓 | | |

（五）

| 道德 | 耳朵 | 滋润 | 勇于 | 熏陶 |
| --- | --- | --- | --- | --- |
| 影响 | 山坡 | 嫩绿 | 愿意 | 小孩儿 |
| 团伙 | 旁听 | 贵重 | 勤恳 | 率领 |
| 思潮 | 西藏 | 采访 | 恰好 | 拔尖儿 |
| 外围 | 灭绝 | 喇嘛 | 肥壮 | 夸奖 |
| 月亮 | 勾画 | 师风 | 责任 | 出圈儿 |
| 庄稼 | 马匹 | 讲义 | 丝绒 | 回敬 |
| 迷糊 | 私人 | 筹谋 | 上班 | 倍增 |
| 幌子 | 揣测 | 城镇 | 蜡烛 | 得力 |
| 里程碑 | 电磁波 | 排忧解难 | | |

# 三、短文朗读模拟测试训练

# 四、说话模拟测试训练

普通话水平测试用话题

1. 我的一天
2. 老师
3. 珍贵的礼物
4. 假日生活
5. 我喜爱的植物
6. 我的理想（或愿望）
7. 过去的一年
8. 朋友
9. 童年生活
10. 我的兴趣爱好
11. 家乡（或熟悉的地方）
12. 我喜欢的季节（或天气）
13. 印象深刻的书籍（或报刊）
14. 难忘的旅行
15. 我喜欢的美食
16. 我所在的学校（或公司、团队、其他机构）
17. 尊敬的人
18. 我喜爱的动物
19. 我了解的地域文化（或风俗）
20. 体育运动的乐趣
21. 让我快乐的事情
22. 我喜欢的节日
23. 我欣赏的历史人物
24. 劳动的体会
25. 我喜欢的职业（或专业）
26. 向往的地方

27. 让我感动的事情

28. 我喜爱的艺术形式

29. 我了解的十二生肖

30. 学习普通话(或其他语言)的体会

31. 家庭对个人成长的影响

32. 生活中的诚信

33. 谈服饰

34. 自律与我

35. 对终身学习的看法

36. 谈谈卫生与健康

37. 对环境保护的认识

38. 谈社会公德(或职业道德)

39. 对团队精神的理解

40. 谈中国传统文化

41. 科技发展与社会生活

42. 谈个人修养

43. 对幸福的理解

44. 如何保持良好的心态

45. 对垃圾分类的认识

46. 网络时代的生活

47. 对美的看法

48. 谈传统美德

49. 对亲情(或友情、爱情)的理解

50. 小家、大家与国家

## ✧ 拓展延伸

[1]国家语言文字工作委员会普通话培训测试中心.普通话水平测试实施纲要[M].北京:商务图书馆,2004.

[2]高廉平.普通话训练与测试教程[M].5版.重庆:西南师范大学出版社,2021.

[3]孙洁.达标普通话[M].北京:北京广播学院出版社,2003.

[4]宋欣桥.普通话水平测试员实用手册[M].北京:商务印书馆,2004.

[5]国家语言文字工作委员会普通话培训测试中心,《语言文字应用》编辑部.普通话水平测试的理论与实践[M].北京:商务印书馆,1998.

[6]王晖.普通话水平测试20年:三次浪潮和三方面创新[J].语言文字应用,2015(01):2-9.

## 下编
# 教师口语及训练

# 第一章　发音技能训练

**【章目要览】**

气息控制的方法主要分为胸式呼吸、腹式呼吸、胸腹式联合呼吸;声带控制要求放松喉部,声门轻松靠拢,注意与气息控制的协调与配合;共鸣控制可通过喉腔、咽腔、口腔、鼻腔或胸腔等共鸣器产生不同的共鸣效果;吐字归音要求出字清晰准确,立字圆润饱满,归音到位弱收。

**【相关知识】**

发音语音学;曲艺理论相关知识。

**【重点提示】**

气息控制的方法;吐字归音的方法。

## 第一节　气息控制

口语表达尤其是艺术语言的口语表达,从某种角度说是发音技巧的艺术。科学的发音方法不仅使艺术语言字正腔圆,声情并茂,具有强烈的艺术感染力,而且能使工作口语表达(如讲课、做报告),包括生活中的口语表达也能清楚持久,刚柔自如,悦耳动听。

科学的发音方法是需要学习和训练的。在现实生活中,我们不难发现,有的人朗诵材料选得很好或演讲稿写得好,但就是不能用恰当的声音技巧传达出作品的内容:或有"情"无"声",或声音嘶哑,或"声""情"游离……这中间最典型的就是教师这一职业。有的教师自我感觉已经用了很大的"力气"了,但教室后面的同学仍听不清楚讲课内容;有的教师连续多上几节课就感到嗓子疼,或说不出话来;有的教师虽然声音"大",却不能持久等。应该说,这都是发音方法有问题所致。这样,即使是能说会道、满腹经纶,也会在很大程度上影响教学效果,这种情况在教师这一行里是比较常见的,所以掌握正确的发音方法对教师来说尤为重要。

日常生活中的说话、工作语言的表达、艺术口语表达等各种类型的发音,都离不开正确的呼吸方法。嗓音条件好的人经过科学的发音训练,则如虎添翼。即便是嗓音条件不好的人,经过有针对性的训练,也完全可以在原有基础上改变声音质量,改善音色,增强表达的感染力。

## 一、呼吸器官

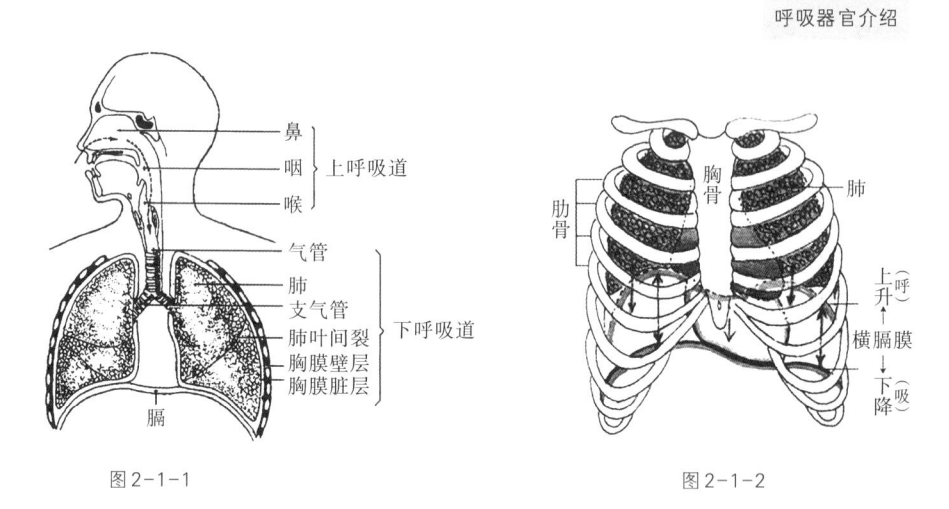

呼吸器官介绍

图2-1-1

图2-1-2

呼吸器官包括呼吸道、胸腔、肺和腹肌等。通常把胸腔扩大以后完成吸气的肌肉系统称为吸气肌肉群,把胸腔缩小以后完成呼气的肌肉系统称为呼气肌肉群。

其中,肺是主要的呼吸器官,但肺的活动主要靠胸腔的扩大和缩小来完成。

## 二、呼吸方式

常见的呼吸方式有三种:胸式呼吸、腹式呼吸、胸腹联合式呼吸。

### (一)胸式呼吸

胸式呼吸又称浅式呼吸。胸式呼吸主要是靠提起胸骨扩大胸腔的前后左右径来吸气。用这种呼吸方式发出的声音,往往比较尖细、轻且飘、显得没有底气。吸气抬肩是这种呼吸方式的主要标志。因此在进行呼吸训练时,要注意避免这种抬肩、气塞胸部的情况出现,以免造成束紧喉头、颈部紧张、挤压声带(气流不足)的现象。

### (二)腹式呼吸

腹式呼吸又称横膈式呼吸,是一种深呼吸方式。这种呼吸主要靠下降横膈肌、扩大胸腔的上下径来完成。与胸式呼吸相比,它具有吸气量较大和深沉的优点。使用这种方法呼吸要特别注意,不能一味地下降横膈膜,故意使腹部凸起。这样会难以有效地控制气息的流量。

### (三)胸腹式联合呼吸

这是一种胸、腹两种呼吸方式的结合。这种呼吸方式往往需要吸入大量气息,迫使胸腔下部、腹腔上部逐渐扩张,小腹自然回收。采用胸腹联合式呼吸易于发出坚实、响亮的音色,它是多种音色变化的基础。

## 第二节  声带控制

声带是人体发音的振动体。发音体振动的状况直接影响到声音的质量。在日常生活中,一个人的声音好,叫作嗓音好;声音不好,叫作嗓音不好。实际上,能正常发音的喉部构造虽有差异,但并不悬殊,而由于使用方法的不同,发出声音的效果会有相当大的差异。一个人的声带条件比如声带的长短、厚薄等是先天的,而使用方法却是后天训练的。

### 一、声带控制的基本要求

#### (一)放松喉部

声带发音原理

这是发音时声带控制的基本感觉。喉部放松,声带才能自如地振动,发出泛音丰富悦耳的乐音;喉部放松,用较小的气流就能使声带振动,发音效率高。

喉部放松的总体感觉应是"用吸气的状态发音",即张嘴吸气,让两声带轻松张开;喉部有上下松开的感觉,尽量以这种状态发音。

### （二）注意声带控制与气息控制的协调与配合

声带发音总是跟气流的冲击密切相关，不能离开气息的控制来讨论声带的振动问题。第一，声音的虚实或音量大小决定于呼出气息的密度。如果呼的气量过少，气柱密度小，声音就发飘，"有气无力"，或是声音闷在喉部，透不出口外。第二，要根据表达的需要掌握好气息的流量流速与音量音质的关系。需要发强声时，气息压力不够，势必声嘶力竭。

## 二、声带控制中应避免的问题

### （一）提挤喉部

不少人为了片面地追求音色的"明亮"，刻意地拉紧声带，捏挤喉部，这样做是十分有害的。我们知道，发音时声带要相互靠近或并拢，而发那种极其明亮的声音时，声带并拢得更紧，中间没有一点缝隙。这样，声带振动时两侧会产生连续不断的碰撞摩擦，很容易使声带疲劳，刺激剧烈时会引起声带充血。而事实上声带闭合过紧发出的声音单薄乏味，泛音少，听感不自然，不利于表达。

### （二）追求虚声

发音时两声带不闭合，带有大量气音。这种情况的出现，是出于个人兴趣，或受到通俗唱法的影响，盲目模仿。这样发音漏气多、音量小、发音效率低，不得不经常补气而容易出现吸气杂音，听起来不从容。声音过虚会影响表达的清晰度，也会影响声音色彩的变化。

### （三）"喊"

即不适当地追求大音量，不适当地追求高音区。要加大音量，追求音高，声带势必绷得很紧，容易造成声带的疲劳。时间稍长，喉部即感到不适。实际上，加大音量，主要依靠强有力的气息支撑，闭气发音，同时也要有共鸣腔体的打开，共鸣的参与，而不应单凭"喊"。扩展音域，加强音高，也应使声带紧到一定的度，而不能过度。

## 第三节　共鸣控制

声带是发音体,经过气息的冲击发生振动,发出声来。但这时声带发出的声音是十分微弱的,称为喉原音。喉原音只有经过共鸣后才得以放大、美化,形成各种不同的语音音色。一个人的发音器官是先天形成的,无法改造。但通过后天对共鸣控制的训练,音色可以得到改善。可以说,掌握共鸣的控制,是扩大发音效率、改善声音质量的重要环节。

发音时,一般由喉腔、咽腔、口腔、鼻腔、胸腔形成共鸣。

### 1.喉腔

喉腔包括介于声带与假声带之间的喉室及位于假声带上的喉前庭部。声带振动发出的声门波,首先经过喉腔,得到最初的共鸣。喉头可以在一定幅度内降低或升高。降低时,声道变长,有利于低泛音共鸣;升高时,声道变短,有利于高泛音共鸣。但喉头不能过多向上、向下活动,以放松、基本稳定为宜。

### 2.咽腔

咽腔是前后略扁的漏斗状肌管,也叫咽管。由上至下可分为三段:软腭以上前通鼻腔,称为鼻咽;中段前通口腔,称为口咽;下段下连喉腔,叫作喉咽。软腭的升降可以切断或打开口咽到鼻咽的通路。咽腔容积大,又是声波必经的管状弯道,对扩大或美化声音起重要作用。咽管要保持通畅,咽后壁要直而不弯;脊柱的直与伸展感可以带动附于其上的咽后壁,使咽后壁也保持直的状态,而且有一定的坚韧度,利于声波的通过。

### 3.口腔

口腔是最复杂而动作又最灵活的共鸣腔体。口腔上下两大部分可灵活开合,可以改变口腔容积的大小;同时,舌的各种不同形态的变化,又可将口腔分为若干小的腔体。口腔上后部的软腭能上挺、下垂,可以打开或阻塞口鼻腔的通道,改变口咽腔的形态。口腔的上前方,由上齿、上齿龈、硬腭、软腭构成口盖穹隆。

### 4.鼻腔

鼻腔由垂直的鼻中隔分为左右对称的两部分。鼻腔有固定的腔体,属于不可调节的共鸣器。鼻腔的共鸣作用通过以下几种方式实现:

(1)在发鼻辅音时,软腭下垂,堵塞口腔通道,声音完全通过鼻腔透出。

(2)软腭虽然上提,但阻塞不完全,这时,大部分声波通过口腔传出口外,一部分声波沿后咽壁传至鼻腔,产生鼻共鸣。

(3)在发鼻化元音时,软腭下垂,声波分两路分别从口腔与鼻腔通过,取得共鸣。

(4)在声波通过口腔冲击硬腭时,由于硬腭的传导作用,引起硬腭之上的鼻腔共鸣。在音量较大时,这种作用比较明显。

(5)歌唱家唱高音时,鼻腔及鼻窦等有明显的振动感,一般人发高音时也可以感觉到。这种共鸣也称为"上部共鸣""高音共鸣"或"头腔共鸣"。

5.胸腔

发音时把手放在前胸壁会感到胸部有振动感,声音越低,振动感越明显。振动感会随着声音的高低沿着胸骨上下移动。比如声音由低到高,则振动感的集中点也从胸骨的下缘上移至喉部的下方;声音由高到低,则振感的集中点也随之下移。胸腔的参与,可使音量增加,显得沉稳、浑厚而有力。

## 第四节 吐字归音

### 一、什么是吐字归音

吐字归音是我国传统说唱理论对发音时咬字方法的一种概括。根据汉语语音的特点,一个音节的发音过程分为出字、立字、归音三个阶段。通过控制每个阶段的发音,可以使发音清晰饱满,字正腔圆。

出字即处理声母或声母加韵头(字头)。立字即处理韵腹(字腹)。归音即处理韵尾(字尾)。如下表所示:

表 2-1-1　吐字归音规律

| 字例 | 声母 | 韵母 | | |
|---|---|---|---|---|
| | | 韵头（介音） | 韵腹（主要元音） | 韵尾（韵尾音） |
| | | 字头 | 字腹 | 字尾 |
| 台 | t | | a | i |
| 新 | x | | i | n |
| 闻 | | u | e | n |
| 联 | l | i | a | n |
| 播 | b | | o | |

## 二、吐字归音的要求

### （一）出字

出字是指字头（声母和介音）的发音过程，要求发音部位准确、叼住弹出。

**1.字头准确清晰**

常言道，吐字要"字正腔圆"。"字正"，首先是指字头的发音部位要准确。唇形、舌位都要十分到位。比如"黄"和"韩"两个音节都有一个声母h，仔细体会，就会发现这两个音节中的h的唇形是有区别的：由于受介音u的影响，"黄"的声母h一开始就带上了圆唇的感觉，并非先发出一个标准的h，再加上后面的uang，而是将声母h和介音u视为一个整体；而"韩"的声母h由于受a的影响，所以一开始开口度就比较大，而且是展唇。

**2.出字力度适当**

出字的时候要求有适当的力度，叼住弹出。字头的准确和清晰影响着整个音节的质量，咬得无力，有声无字；咬得过狠，字拙而滞。"叼住"主要指声母的成阻和持阻，它在准确的部位形成阻碍，蓄积足够的气息保持阻碍，然后迅速除去阻碍。所以，出字一定要力度适当。

## (二)立字

立字的过程即韵腹的发音过程。总的要求是拉开立起,发音效果应是珠圆玉润、颗粒饱满。

### 1."拉开"

"拉开"主要指韵腹的发音要有足够的开口度,并且发音时间较长。韵腹(主要是元音)有了足够的开口度,泛音才丰富,共鸣才丰满,声音才响亮悦耳。拉开的过程是:在字头弹出后,口腔随字腹的到来而打开到适当的开口度,感觉字音随上颌的提起而"立"起来。

### 2."立起"

发音是随着韵腹的足够开口度而"立起"的。韵腹发音时口腔要打开。以"辨"(biàn)字为例,与头尾相比,韵腹 a 的发音时间最长,从而使发音立起来。

一般说来,开口度较大的字腹立字比较容易解决,开口度小的字腹则存在一些问题。对以下几类韵母的立字要给予特别的注意。

(1)韵母是 ian,因字腹前后的两个音素开口度都比较小(i 的舌位高,n 又是一个舌尖中的鼻辅音),容易造成字腹的开口太小,拉不开,立不起来。甚至有人把 ian 发得近于 in,从而影响了字音的准确。

(2)韵母是 uei、uen,这两个音节的主要元音是 e,在拼写时虽省掉了 e 而写作 ui、un,但发音时不能省略,要注意 e 元音的开口度。

(3)韵母是 i、u、ü、e 的,在发音时也要注意其开口度。尤其在艺术口语表达或工作口语表达中,其开口度要比日常生活言语的开口度略大一些,口腔圆一些,以保证其字音的颗粒饱满。

## (三)归音

归音指音节发音的收尾过程,总的要求是趋向鲜明、干净利索、到位弱收。

### 1.归音趋向鲜明

字尾的归音首先要趋向鲜明。音量由强到弱,用渐弱的声波来结束音节。单元音作韵母的,不能改变口腔的大小;复元音作韵母的,舌位要有明显的动程,趋向要鲜明。

### 2.归音要到位

尾音要归到应有的位置上去。元音i、u(o)的归音要注意最后的唇形和舌位；鼻辅音n、ng,归音时要注意有关部位趋向接近或轻触这两个鼻辅音成阻的位置。

### 3.归音要弱收

收尾时要弱收。弱收是针对强收而言的。如果为了归音而归音,矫枉过正,就会把尾音发得重而深,违背了音节发音的生理规律,听感也极不自然,僵硬呆板。

## (四)吐字的"枣核形"

字头有力地叼住弹出、字腹饱满圆润、字尾到位弱收,合起来就成为一个两头小、中间大的枣核。这既是对吐字过程的形象描述(如图2-1-3所示),又涉及整个过程的各部分口腔开合度所占时间的长短。

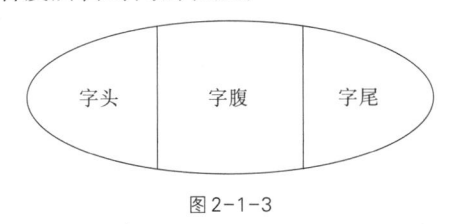

图 2-1-3

"枣核形"主要指吐字珠圆玉润的状态,体现了字音的清晰、圆润、颗粒饱满。同时,"枣核形"必须有气息的支撑。吐字时,口腔要有充满气息的感觉,字音才能结实,有光泽,这种气息的支撑也使得"枣核形"在口腔不断滑动的过程中完成,而滑动又要有整体感,不能拖泥带水,头、腹、尾之间露出明显的"移动"痕迹。

# 第五节 发音技能训练

## 一、气息控制训练

### 1.闻花香

先将气从身体里排出,然后像"闻花"一样吸气。用整个肺吸气,推动横膈膜,使腹腔产生紧绷感,再缓缓吐气,吐气越匀越密,发出声音会越轻松,也会越稳。

注意,训练时需要相对放松肚皮,不要让肚子过度绷紧。

**2.狗喘气**

模仿小狗深吸气和吐舌,一直"哈哈哈哈",刚开始速度不宜过快,练好后可将单纯的喘气换为发"嘿哈吼"音。

**3.吹纸条**

将纸条竖着举在面前,以平视的角度吹动它,既要保持吹纸条的时间,又要保证纸条的倾斜角度不出现太大变化,以此锻炼气息的持久度与稳定性。

**4.数枣**

锻炼对气息的控制力,既要口齿清晰,又要声音有力,同时还要分配好气息,用一口气读完下面的绕令:

出东门,过大桥,大桥底下一树枣,拿着竿子去打枣,青的多红的少。一颗枣两颗枣三颗枣四颗枣五颗枣六颗枣七颗枣八颗枣九颗枣十颗枣,十颗枣九颗枣八颗枣七颗枣六颗枣五颗枣四颗枣三颗枣两颗枣一颗枣。

**5.大声朗读以下训练材料**

先用一句一口气的形式,再逐渐增加难度,到两句一口气,三句一口气,四句一口气……

一,一是个一;

一二,二一,还是个一;

一二三,三二一,二一,还是个一;

一二三四,四三二一,三二一,二一,还是个一;

一二三四五,五四三二一,四三二一,三二一,二一,还是个一;

一二三四五六,六五四三二一,五四三二一,四三二一,三二一,二一,还是个一;

一二三四五六七,七六五四三二一,六五四三二一,五四三二一,四三二一,三二一,二一,还是个一;

一二三四五六七八,八七六五四三二一,七六五四三二一,六五四三二一,五四三二一,四三二一,三二一,二一,还是个一;

一二三四五六七八九,九八七六五四三二一,八七六五四三二一,七六五四三二一,六五四三二一,五四三二一,四三二一,三二一,二一,还是个一;

一二三四五六七八九十,十九八七六五四三二一,九八七六五四三二一,八七六五四三二一,七六五四三二一,六五四三二一,五四三二一,四三二一,三二一,二一,还是个一。

## 二、声带控制训练

### (一)声带感觉练习

用张嘴吸气、声带轻松张开、喉部上下松开的感觉发出 a——,i——,ü——要注意两声带的轻松靠拢。

### (二)实声与虚声对比练习

非常"实"的声音需要两声带紧闭,用气息去冲开;而虚声则要求声门有一定的开度。通过实、虚的对比练习,找出口语表达所需要的声带轻松靠拢的偏实的虚实声的感觉。

#### 1.用实声读出下列句子的音

(1)干什么?想打架吗?外边去!

(2)大家注意了!全体集合,准备出发!

(3)同志们!赶快跑!洪水就要来了!

#### 2.用虚声读出下列材料

自从认识了那条奔腾不息的大江,我就认识了我的南方和北方。

我的南方和北方相距很近,近得可以隔岸相望;我的南方和北方相距很远,远得无法用脚步丈量。

大雁南飞,用翅膀缩短着我的南方与北方之间的距离;燕子归来,衔着春泥表达着我的南方与北方温暖的情意……

(节选自《我的南方和北方》)

人是越来越多。后来的人拼命往前挤,挤不进去,就抓住人打听,以为是杀人的告示。妇女们也抱着孩子们,远远围成一片。又有许多人支了自行车,站在后架上伸脖子看,人群一挤,连着倒,喊成一团。半大的孩子们钻来钻去,被大人们用腿拱出去。数千人闹闹嚷嚷,街上像半空响着闷雷。

(节选自《棋王》)

## 三、共鸣控制训练

### (一)共鸣训练的要点

1. 气息下沉,两肋张开,喉部放松。
2. 后槽牙打开,声音经口腔向前,沿上颚中线前行,有挂鼻腔的感觉。
3. 胸部自然放松,吸气不能过满。

### (二)口腔共鸣练习

1. 读下面的拼音,体会音束冲击硬腭前部的感觉。

　　　ai　ei　ao　bi　bu　ba　pi　pu　pa

2. 唇齿贴近,收紧双唇。先做单音练习,再读词语。

比如:澎——湃——澎湃

| 冰雹 | 拍照 | 平静 | 抨击 | 批评 |
| 哗啦啦 | 噼啪啪 | 咣啷啷 | 扑通通 | 胡噜噜 |
| 宣纸 | 挫折 | 菊花 | 捐助 | 吹捧 |

### (三)鼻腔共鸣练习

1. 做半打哈欠状打开牙关,提起上腭,再缓缓闭拢;提起软腭,发单元音 a、o、e,再垂下软腭发鼻化元音 a、o、e,体会发音时软腭的不同状况。

2. 交替发口音 a 和鼻音 ma。发口音时软腭上挺,堵住鼻腔通路,体会口腔共鸣。发鼻音时,软腭下垂,打开鼻腔通路,体会鼻腔共鸣。反复练习,体会软腭上挺或下垂的不同感觉。如:a—ma—a—ma—

3. 读以下绕口令,体会鼻腔共鸣的感觉。

杨家养了一只羊,蒋家修了一堵墙。杨家的羊撞到了蒋家的墙,蒋家的墙压死了杨家的羊。杨家要蒋家赔杨家的羊,蒋家要杨家赔蒋家的墙。

### (四)胸腔共鸣练习

1. 发音之前先做好闭口打哈欠状。在气息推出的同时,胸腔打开,嘴里发长元音[i:](或[u:][a:]皆可),并尽量拖长(30秒至60秒)。意念中想象体会胸腔打开状(可想象手风琴的风箱张开或雄鹰展翅)。

2. 用较低的声音弹发 ha,感觉声音好像从胸部透出,体会胸部的响点。可以由低到高地用短音弹发,体会胸部响点的上移;也可以由高到低地用短音弹发,体会胸部响点的下移。

## 四、吐字归音训练

### (一)口腔器官练习

**1.双唇练习**

(1)双唇打响:双唇闭塞,阻住气流,然后突然放开,爆发出 b 或 p 音。反复练习。

(2)双唇紧闭,撮起(用力噘嘴),嘴角后拉,交替进行。

(3)双唇紧闭,撮起,向上、向下、向左、向右,交替进行。

(4)双唇紧闭,撮起,左转 360°,右转 360°,交替进行。

**2.舌的练习**

(1)顶刮舌面。舌尖抵下齿背,舌中纵线部位用力,用上门齿刮舌面,把嘴撑开。

(2)闭双唇,让口腔里尽量地空,用舌尖顶左右内颊,交替进行;闭双唇,舌在口腔里左右环绕,交替进行;舌左右立起,交替进行。

(3)舌尖练习。力量集中于舌尖,与上齿龈用力接触,突然打开,爆发出 d、t 音。

(4)在(3)的基础上发出舌尖中的滚音[r]。

(5)舌根练习。舌根用力抵住软腭,阻住气流,然后突然打开,迸发出 g、k 音。

### (二)出字练习

要求出字清晰,叼住弹出,有适当的力度。

(1)八百标兵奔北坡,北坡炮兵并排跑;炮兵怕把标兵碰,标兵怕碰炮兵炮。

(2)吃葡萄不吐葡萄皮,不吃葡萄倒吐葡萄皮;怕吃葡萄的葡萄皮,不怕吃葡萄吐掉葡萄皮。

(3)班干部管班干部,班干部不让班干部管,班干部偏管班干部。

(4)会炖我的炖冻豆腐,来炖我的炖冻豆腐;不会炖我的炖冻豆腐,就别炖我的炖冻豆腐;要是炖坏了我的炖冻豆腐,那就吃不成我炖的炖冻豆腐。

(5)苏州玄妙观,东西两判官。东边判官姓潘,西边判官姓管。潘判官要管管判官,管判官不服潘判官管。

(三)立字练习

要求字腹立起,饱满、圆润、呈"枣核形"。

**1.词语练习**

| | | | |
|---|---|---|---|
| 鲜艳 | 沿线 | 年鉴 | 偏见 |
| 检验 | 脸面 | 前年 | 连绵 |
| 偏偏 | 扁圆 | 见面 | 显眼 |
| 现钱 | 先前 | 先见 | 眼线 |
| 全权 | 圆圈 | 涓涓 | 源泉 |
| 轩辕 | 渊源 | 捐款 | 遴选 |

**2.绕口令练习**

谭家谭老汉,挑担到蛋摊,
买了半担蛋,挑蛋到炭摊,
买了半担炭,满担是蛋炭。
老汉往家赶,脚下绊一绊,
跌了谭老汉,破了半担蛋,
翻了半担炭,脏了新衣衫。
老汉看一看,急得满头汗,
蛋炭完了蛋,怎吃蛋炒饭。

**3.诗词练习**

### 咏柳

贺知章

碧玉妆成一树高,万条垂下绿丝绦。
不知细叶谁裁出,二月春风似剪刀。

### 泊秦淮

杜牧

烟笼寒水月笼沙,夜泊秦淮近酒家。
商女不知亡国恨,隔江犹唱后庭花。

**乱后过流沟寺**

白居易

九月徐州新战后,悲风杀气满山河。

唯有流沟山下寺,门前依旧白云多。

### 4.短文练习

走在繁华与喧闹之中,我们眼前总有太多的诱惑。期望着物欲的满足和精神的享受,我们忍不住要设计起自我的拥有。也许我们无法拥有许多的物质财富,但我们能拥有一个平和美好的心境。这种平和与美好的心境就是幸福与快乐的秘诀。

(节选自《诗意情感》)

怎肯(zěnkěn)轻言愤(fèn)世,说甚(shèn)看破红尘(chén),无病呻(shēn)吟其何益,空负好时辰(chen)。问(wèn)人(rén)生真(zhēn)谛何在?奋(fèn)进是根本(gēnběn)!少冷漠,要热忱(chén),坚韧(rèn)忠贞(zhēn)。趁(chèn)青春年华,吐芬(fēn)芳,挑重任(rèn),显身(shēn)手,报国门(mén)。

(节选自《贵州省普通话培训测试指导用书》)

澎(péng)湖岛上登峰(dēngfēng),山道崚嶒(léngcéng),怪石狰(zhēng)狞。望长空,烹(pēng)煮黄昏霞如火,水汽蒸腾(zhēngténg)雾迷蒙(méng)。转眼众星捧(pěng)月,长庚(gēng)独明,更(gèng)有乘风(chéngfēng)大鹏(péng),万里征程(zhēngchéng),猛(měng)志天生成(shēngchéng),却不是身在蓬(péng)莱,神入梦(mèng)中!

(节选自《贵州省普通话培训测试指导用书》)

近(jìn)河滨(bīn),景色新(xīn),绿草茵茵(yīnyīn)水粼粼(línlín),禽(qín)鸟唱林荫(línyīn)。

政策好,顺民心(mínxīn),人人尽(jìn)力共驱贫(pín),辛勤(xīnqín)换来遍地金(jīn),天灾难相侵(qīn)。诗心(xīn)禁(jīn)不住,一曲今(jīn)昔吟(yín)。

(节选自《贵州省普通话培训测试指导用书》)

志士镇守在边庭(tíng)。统猛丁(dīng),将精英(jīngyīng),依形(xíng)恃险筑长屏(píng),亭(tíng)燧座座警(jǐng)号鸣(míng),惨淡经营(jīngyíng)。

屏(píng)侵凌(líng),震顽冥(míng),敌胆破望影(yǐng)心惊(jīng),其锋谁撄(yīng)?八方平定(píngdìng)四境(jìng)宁(níng),赢(yíng)得史册彪炳(bǐng),千古令名(lìngmíng)。

(节选自《贵州省普通话培训测试指导用书》)

### (四)归音练习

根据下面提供的材料,开尾音节注意到位弱收,鼻韵尾的音节注意归音部位的准确、干净利落。

#### 1.词语练习

| 散漫 | 暗淡 | 展览 | 难看 |
| 粉尘 | 身份 | 人参 | 认真 |
| 混乱 | 开端 | 海关 | 山峦 |
| 晚装 | 王冠 | 煤矿 | 宽广 |
| 真诚 | 深坑 | 登门 | 胜任 |

#### 2.诗词练习

**将赴吴兴登乐游原一绝**

杜牧

清时有味是无能,闲爱孤云静爱僧。
欲把一麾江海去,乐游原上望昭陵。

**村夜**

白居易

霜草苍苍虫切切,村南村北行人绝。
独出前门望野田,月明荞麦花如雪。

**江畔独步寻花·其六**

杜甫

黄四娘家花满蹊,千朵万朵压枝低。
留连戏蝶时时舞,自在娇莺恰恰啼。

#### 芙蓉楼送辛渐

王昌龄

寒雨连江夜入吴,平明送客楚山孤。

洛阳亲友如相问,一片冰心在玉壶。

### 3. 短文练习

心似白云,意如流水。云散了,有皓月;水枯了,出明珠。这是一种无拘无束的胸怀,一种左右逢源的人生佳境。拥有了这种胸怀,就能超然于名利纷争之外,内心无牵无挂,开阔空明;心灵如同有了源头活水,时时滋润灵动的眼睛,去发现美、欣赏美;轻风细雨中,就品味春天的脉脉温柔;电闪雷鸣时,就欣赏天地间的雄浑奔放;看天上白云,如奇峰,如鳞片,变化万千;白云散尽,有蔚蓝的天空……世界是万变的,又是不变的。关键是用什么眼光去看它。拥有一份云水襟怀,你就会发现,美无处不在。

(节选自《云水襟怀》)

天对地,雨对风。大陆对长空。山花对海树,赤日对苍穹。雷隐隐,雾朦朦。日下对天中。风高秋月白,雨霁晚霞红。牛女二星河左右,参商两曜斗西东。十月塞边,飒飒寒霜惊戍旅;三冬江上,漫漫朔雪冷渔翁。

河对汉,绿对红。雨伯对雷公。烟楼对雪洞,月殿对天宫。云叆叇,日曈昽。蜡屐对渔篷。过天星似箭,吐魄月如弓。驿旅客逢梅子雨,池亭人抱藕花风。茅店村前,皓月坠林鸡唱韵;板桥路上,青霜锁道马行踪。

山对海,华对嵩。四岳对三公。宫花对禁柳,塞雁对江鸿。清暑殿,广寒宫。拾翠对题红。庄周谈幻蝶,吕望兆飞熊。北牖当风停夏扇,南檐曝日省冬烘。鹤舞楼头,玉笛弄残仙子月;凤翔台上,紫箫吹断美人风。

(节选自《笠翁对韵》)

中华民族,历史悠久,文化灿烂,伟业辉煌。一条母亲河,养育华夏儿女千千万,孕育人才群星璀璨。江山代有才人出,各领风骚数百年。大江东去浪淘尽,千古风流人物。数风流人物,还看今朝。装点此关山,今朝更好看。春云夏雨秋夜月,唐诗晋字汉文章。文章千古事,风雨十年人。

千古黄河流到今,世上旧翁换新人。炎黄子孙擎(qíng)天起,改天换地环宇惊。亲吻母亲黄河行,探险考察不畏艰,更有飞渡壶口者,壮士勇气盖河山。黄河汉子水边行,肩勒纤绳步稳平,号声回旋谷坳(ào)里,惊飞一片白鹭鸥。天翻地覆国泰宁,《纤夫的爱》声声吟。

(节选自《我是黄河边上人》)

于是,我还想从大山那里学习深刻,我还想从大海那里学习勇敢,我还想从大漠那里学习沉着,我还想从森林那里学习机敏。我还想学着品味一种缤纷的人生。

人能走多远?这话不是要问两脚而是要问志向;人能攀多高?这事不是要问双手而是要问意志。于是,我想用青春的热血给自己树起一个高远的目标。

不仅是为了争取一种光荣,更是为了追求一种境界。目标实现了,便是光荣;目标实现不了,人生也会因这一路风雨跋涉变得丰富而充实。在我看来,这就是不虚此生。

是的,我喜欢出发,愿你也喜欢。

(节选自《我喜欢出发》)

**(五)"枣核形"发音练习**

练习时要按"先慢后快、先长后短、先夸张后自然"的方法进行。先夸张慢读,拉长每个音节的读音,体会"枣核形"的发音过程。掌握之后即可自然地读出。

| 变迁 | 教条 | 偏见 | 缥缈 |
| 全权 | 求救 | 摧毁 | 专断 |
| 贯穿 | 归队 | 绣球 | 鬼魂 |

**(六)吐字归音综合训练**

**1.诗词练习**

**赵将军歌**

岑参

九月天山风似刀,城南猎马缩寒毛。

将军纵博场场胜,赌得单于貂鼠袍。

**黄鹤楼送孟浩然之广陵**

李白

故人西辞黄鹤楼,烟花三月下扬州。

孤帆远影碧空尽,惟见长江天际流。

### 江城子
#### 苏轼

老夫聊发少年狂,左牵黄,右擎苍,锦帽貂裘,千骑卷平冈。为报倾城随太守,亲射虎,看孙郎。　酒酣胸胆尚开张,鬓微霜,又何妨!持节云中,何日遣冯唐?会挽雕弓如满月,西北望,射天狼。

### 2. 短文练习

眼睛上长眼皮,上有上眼皮,下有下眼皮。上眼皮真调皮,没事欺负下眼皮。左眼上眼皮打左眼下眼皮,右眼上眼皮打右眼下眼皮。左眼上眼皮打不着右眼下眼皮,右眼下眼皮打不着左眼下眼皮,左眼下眼皮打不着右眼上眼皮,右眼上眼皮打不着左眼下眼皮。

(节选自《说眼皮》)

青春是枝头那只唱歌的小鸟,以清清脆脆的歌喉伴春天欢欢欣欣地舞蹈;青春是苗圃那朵最芬芳的鲜花,以清清爽爽的馨香促生命挺挺拔拔地生长;青春是草原那匹奔驰的野马,以雄健高扬的四蹄令生灵沉沉醉醉地倾倒;青春是黑夜那堆熊熊的篝火,以热热烈烈的燃烧使精血汹汹涌涌地膨胀;青春是蓝天那只奋飞的巨鹰,以苍劲有力的双翅在时光中自自由由地翱翔……

(节选自《青春》)

### 春江花月夜
#### 张若虚

春江潮水连海平,海上明月共潮生。
滟滟随波千万里,何处春江无月明!
江流宛转绕芳甸,月照花林皆似霰;
空里流霜不觉飞,汀上白沙看不见。
江天一色无纤尘,皎皎空中孤月轮。
江畔何人初见月?江月何年初照人?
人生代代无穷已,江月年年只相似。
不知江月待何人,但见长江送流水。
白云一片去悠悠,青枫浦上不胜愁。
谁家今夜扁舟子?何处相思明月楼?

> **思考与练习**
>
> 1.什么是胸腹联合式呼吸法?
> 2.吐字归音的要求是什么?
> 3.从吐字归音的角度来解释"庄"(zhuang)的发音过程。

## 拓展延伸

[1]崔瑞英.声乐与语言发声[M].北京:中国戏剧出版社,2006.

[2]吴郁.播音学简明教程[M].4版.北京:中国传媒大学出版社,2019.

[3]王峥.语音发声科学训练[M].3版.北京:中国传媒大学出版社,2020.

# 第二章　朗诵技能训练

**【章目要览】**

朗诵是用语音艺术性地呈现文本的内容、意境和情感的一种口语表达活动。朗诵技巧包括掌握重音、停连、语气、语调和节奏。重音根据位置的不同可分为语法性重音、强调性重音、并列性重音和比喻性重音；停连根据停顿连接的位置不同分为区分性停连、呼应性停连、并列性停连、强调性停连和回味性停连；语气分为表达爱意，表达憎恶，表达喜悦，表达悲伤，表达怒气，表达冷漠；语调分为平调、升调、曲调和降调；节奏分为高亢型、轻快型、紧张型、凝重型和舒缓型。

**【相关知识】**

口语表达、艺术语言发音的相关知识。

**【重点提示】**

重音、停连、语气、语调以及节奏的类型和运用。

## 第一节　朗诵概述

### 一、朗诵的定义

朗诵是把书面语言创造性地转换为有声语言的口语表达形式，也是用语音艺术性地呈现文本的内容、意境和情感的一种口语表达活动。

从本质上讲，朗诵绝不只是对线性视觉符号的一种机械转换，更不是发音器官的一套无意识的刻板动作，而是一种全身心的投入，一种对语音艺术的苦苦追求，一种忠于文本的再创造。曾文正在谈读书诀窍时说："读者，如"四书"、《诗》《书》《左传》诸经，《昭明文选》、李杜韩苏之诗，韩欧曾王之文，非高声朗诵则不能得其雄伟之概,非密咏恬吟则不能探其深远之韵。"林森先生在《语音在语文教学中的地位》一文中认为:"默读很难体会到文章的三昧,只有放声读,才能对文章的整体,包括语音方面的特色,有比较深入的理解。"

## 二、朗诵的基本要求

### (一)语音规范,发音准确

使用规范的普通话与准确的发音才能更好地传情达意,使听众沉浸于作品之中。朗诵要保证以下几点:

1. 语音规范、准确,不错读。
2. 吐字归音饱满圆润,不"吃"音。
3. 气息控制得当,共鸣适宜,声音响亮,不"捂声"。
4. 语流顺畅无碍,不倒读、破读、漏读。

### (二)停连分明,节奏恰当

朗诵中,语调的高低起伏、节奏的快慢、停连的长短都会影响情感的传达。

朗诵中最常见的毛病是"过"与"不及"。前者指朗诵者在朗诵时,无论是情感的挥洒还是意境的呈现,无论是技巧的运用还是身体语言的表达,都一味押长放大,不加节制,因而显得无根无蒂,空泛虚假。后者指朗诵者缺乏激情,缺乏对作品的深入理解,缺乏对语音的艺术加工,只是把朗诵材料机械地转换为声音形式。这种"失重"的朗诵同样也会失去听众,葬送朗诵的生命。这两种问题都是技巧掌握不足的表现,所以对朗诵技巧的学习同样也是朗诵的基本要求之一。

### (三)理解作品,生动形象

朗诵者要把丰富的情感融入语音形式之中,使语音符号不仅成为意义的载体,更要成为情感的代码。因此,朗诵者必须投注饱满的激情,以情运声,声情并茂。只有这样,才能拨动听众的心弦,抓住听众,征服听众。饱满的激情从哪里来?来自对作品的深入理解,来自与文本作者的对话、默契、共振,来自对生活、事业的挚爱与忠诚。要想感动人,必须先感动自己,才能生动形象地传达出文章的感情。

## 第二节　朗诵的技巧

### 一、重音和停连

#### （一）重音

**1. 重音的定义**

重音是指朗读时，将需要强调或突出的音节、词或词组念得比较重的现象。准确使用重音可以使语句的意思更加鲜明，情感层次更加丰富。

**2. 重音的分类**

重音可以分为：

(1)语法重音。其服从于句子的语法结构，位置比较固定，因此叫语法重音。大致的规律是：谓词以及谓词前面的状语、离名词性中心语最近的定语、程度补语以及疑问代词等常常重读。例如：

东风来了，春天的脚步近了。

王友惊疑地接过糖果。

谁能把花生的好处说出来？

(2)强调重音。服从于语用的需要，位置不固定，因此叫强调重音或语用重音。这种重音随着情境的需要而变化。同样的词语排列，强调的成分不同就会有不同的潜台词，从而适应不同的语境。例如：

我知道你会这样做的。（别人不知道）

我知道你会这样做的。（不要以为我不知道）

我知道你会这样做的。（别人不会）

我知道你会这样做的。（你不会那样做）

我知道你会这样做的。（不仅仅是说说而已）

(3)并列性重音。重音常常可以展现句子与句子间的逻辑关系。并列性重音可以从不同角度、不同方面、不同情况表达同一思想感情。例如：

山朗润起来了，水涨起来了，太阳的脸红起来了。

(4)比喻性重音。主要突出比喻词，使被比喻的事物在句子中更加突出，更加生动形象。例如：

桂林的山真奇啊，一座座拔地而起，各不相连，像老人，像巨象，像骆驼，奇峰罗列，形态万千。

### 3.重音的表达方式

重音的表达方式有很多，主要有以下几种：

(1)增加音量。例如：我是我自己的，他们谁也没有干涉我的权利！

(2)增加音长。例如：然而现在呢，只有寂静和空虚依旧，子君却决不再来了，而且永远，永远地……

(3)减弱音量，增加音长。例如：啊，轻些呀，轻些/他正在中南海接见外宾/他正在政治局出席会议。

(4)缩短音长，前如停顿。例如：我这时突然感到一种异样的感觉，觉得他满身灰尘的后影，霎时高大了。

## (二)停连

### 1.停连的定义

语音中，声音的中断叫"停"，声音的连续叫"连"。

停连既是生理上的需要，也是表情达意的重要手段。从生理上说，朗诵总有换气的时候，还有对气息进行调节的时候，这都要求暂不出声，形成停顿。在有标点符号的地方要进行停连，以起到断句的效果。为了强调某一事物，重点传达某种语意或感情，在书上没有标点符号，在生理上也无须停顿的地方，也可以进行停顿处理。

### 2.停连的分类

停连根据位置的不同，可分为以下类型：

(1)区分性停连

区分性停连是对句子的重新划分与组合，它使语义更清晰、更准确，避免了歧义和误解的产生。例如：

最贵的一顶∧值两千元。

最贵的∧一顶值两千元。

(2)呼应性停连

呼应性停连是对句子中呼应关系的体现，通过停顿和延连使句子中的"呼"和"应"更加明确、清晰。例如：

他很有才华，演员、教师、电工∧都干得不错。

这句话中,演员、教师、电工是"呼",都干得不错是"应"。呼应之间的停顿,使句子前后关系更加清楚。

(3)并列性停连

并列性停连是句子中处于同等位置、同等关系、同等样式的句子成分之间的停顿与延连。例如:

白荷花在这些大圆盘之间冒出来。有的∧才展开两三片花瓣;有的∧花瓣全都展开了,露出嫩黄色的小莲蓬;有的∧还是花骨朵,看起来饱胀得马上要破裂似的。

(4)强调性停连

强调性停连是为了突出需要强调的句子或者词语而在句子、词语前或后,或是前后同时进行停顿。例如:

自古被我们称作天堑的长江,被我们∧征服了。

(5)回味性停连

回味性停连是为了给观众想象、理解或是回味的时间,因此要在需要展开联想与深入回味的词句后面进行停连。例如:

有一次,我从飞机的舷窗俯瞰珠江三角洲,在明净的苍穹下,纵观秀丽的景色,啊!∧真美啊!

## 二、语气和语调

### (一)语气

#### 1.语气的定义

语气是指内在思想感情和气息变化的结合。不同的语气承载着不同的思想感情,同时还起着调动听者情绪、渲染氛围的重要作用。不能正确地使用语气,会使朗诵变得别扭、生硬或是做作。

#### 2.语气的分类

(1)表达爱意。表达爱意时气息缓慢,出声柔软,气量深长,速度自如。例如:

我爱你,我亲爱的祖国!

(2)表达憎恶。表达憎恶时气息多而阻塞,出声生硬,气量短促而紧绷,给人挤压感。例如:

你这个吃里爬外的叛徒!

(3)表达喜悦。表达喜悦时气息满溢,出声高昂,气量多而顺畅,给人以激情昂扬的感觉。例如:

我终于考上大学了!

(4)表达悲伤。表达悲伤时气息下沉,出声沉闷,气量少而止,给人以沉痛感。例如:

我的祖母去世了。

(5)表达怒气。表达怒气时气息粗重,出声放而不收,气量多而迅猛,给人以冲击感。例如:

这件事你是怎么办成这样的?

(6)表达冷漠。表达冷漠时气息微弱,出声平稳,给人以冷漠感。例如:

他的生死跟我没关系。

### (二)语调

#### 1.语调的定义

语调是语音各种因素变化形成的句子的节律特征,是句子的生机与活力所在。语调同声调有关,但并非每个字的声调的简单相加。声调是通过音高的变化构成不同的语音形式,从而区分不同的词义;语调不仅有音高的变化,还伴随有音长、音强等因素的变化。

赵元任先生曾做了一个生动的比喻:"汉语有了字的声调,怎么还能有富于表达力的语调? 回答是:字调加在语调的起伏上面,很像海浪上的微波,结果形成的模式是两种音高运动的代数和。"可见,语调不仅是句终标志,也是句子的构成要素,更是句子的灵魂。

#### 2.语调的类型

汉语的语调一般有四种类型:

(1)平调。语流没有明显的起伏,音高变化较小。多用于庄重严肃、神秘虔诚的客观陈述。例如:

那是力争上游的一种树,笔直的干,笔直的枝。

(2)升调。语流上扬。多用于出其不意、犹豫不决、取舍难定的表达。例如:

那这件事我们应该怎么办呢?

（3）曲折调。语流先抑后扬或先扬后抑。多用于反诘、夸张、讽刺等语气。例如：

啊，亲爱的狼先生，那是不会有的事。

（4）降调。语流低抑。多用于有把握、自信、不游移、不怀疑的表述。例如：

韶山为路是多么令人心驰神往的路啊！

## 三、节奏的变化

### （一）节奏的定义

节奏是指朗诵过程中因思想感情的状态而形成的整体语势强弱、高低、快慢的变化。恰当的节奏是使朗诵有张有弛、曲折婉转的重要因素之一。从听众的角度考察，听觉速度与感知速度是不同步的。语速超过感知速度，听众就会感到紧张吃力；语速跟不上听觉速度，听众又会感到松弛倦怠，分散注意。因此，如何随机制宜控制语速，使听觉和感知处于最佳状态，是朗诵者不可忽视的一个问题。

### （二）节奏的类型

节奏的语势变化取决于作品的体裁和情感。就情感来说，表达兴奋、愉快、热烈、惊惧、愤怒等情绪时，语速快些；传达平静、庄重、忧郁、悲伤、失望、犹豫等情感时，语速慢些。

根据节奏的基本特点，可分为以下类型：

#### 1.高亢型

高亢型的节奏语速偏快，语气高昂，声音明亮，语句不断上扬，整体呈从低到高的形式，多用来表达气势昂扬、感情宏伟的内容。例如：

《祖国啊，我亲爱的祖国》

我是你的十亿分之一，是你九百六十万平方的总和；

你以伤痕累累的乳房喂养了迷惘的我、深思的我、沸腾的我；

那就从我的血肉之躯上去取得你的富饶、你的荣光、你的自由；

——祖国啊，我亲爱的祖国！

## 2.轻快型

轻快型的节奏声音轻不着力,多扬少抑,语速较快,顿挫较少且时间短暂,多用来表达轻巧明丽、欢快跳跃的情绪。例如:

所有的日子都去吧,都去吧,

在生活中我快乐地向前,

多沉重的担子我不会发软,

多严峻的战斗我不会丢脸,

有一天,擦完了枪,擦完了机器,擦完了汗,

我想念你们,招呼你们,

并且怀着骄傲,注视你们!

《青春万岁》

## 3.紧张型

紧张型的节奏气息短促,声音多重少轻,多扬少抑,语速较快,多用来表达急迫与激越的情绪。例如:

一堆堆乌云,像青色的火焰,在无底的大海上燃烧。大海抓住闪电的箭光,把它们熄灭在自己的深渊里。这些闪电的影子,活像一条条火蛇,在大海里蜿蜒游动,一晃就消失了。

——暴风雨!暴风雨就要来啦!

《海燕》

这是勇敢的海燕,在怒吼的大海上,在闪电中间,高傲地飞翔;这是胜利的预言家在叫喊:

——让暴风雨来得更猛烈些吧!

## 4.凝重型

凝重型的节奏语速沉缓,声音掷地有声,气息较强,多抑少扬,多用来表达厚重朴实,浓烈真挚的情绪。例如:

怒发冲冠,凭栏处、潇潇雨歇。抬望眼,仰天长啸,壮怀激烈。三十功名尘与土,八千里路云和月。莫等闲,白了少年头,空悲切。靖康耻,犹未雪;臣子恨,何时灭!驾长车,踏破贺兰山缺。壮志饥餐胡虏肉,笑谈渴饮匈奴血。待从头,收拾旧山河,朝天阙。

《满江红》

## 5.舒缓型

舒缓型的节奏语势平稳,声音柔缓,语音连贯,多用来表达美丽的景色和幽静

的氛围。例如：

　　海在我们脚下沉吟着,诗人一般。那声音仿佛是朦胧的月光和玫瑰的晨雾那样温柔;又像是情人的蜜语那样芳醇;低低的,轻轻的,像微风拂过琴弦;像花飘零在水面上。

## 第三节　朗诵技能训练

### 一、根据标注的重音,用恰当的方法读出来

　　我是你的好朋友。(别人不一定)
　　我是你的好朋友。(不容怀疑)
　　我是你的好朋友。(不是别人的)
　　我是你的好朋友。(非泛泛之交)
　　我是你的好朋友。(不是别的角色)
　　根据标注的重音,朗读句子。
　　(1)月亮慢慢地升起来了。
　　(2)水是从您那儿流到我这儿,不是从我这儿流到您那儿去的。
　　(3)一个夏天,太阳暖暖地照着,海在很远的地方奔腾怒吼,绿叶在树枝上飒飒地响。
　　(4)我们都以为她会和从前一样,谁知这一回,她噘起嘴来生气了。

### 二、标出下列句子的停连,并用恰当的方法读出来

　　(1)容不得束缚,容不得羁绊,容不得闭塞。是挣脱了、冲破了、撞开了的那么一股劲!
　　(2)望长城内外,惟余莽莽;大河上下,顿失滔滔。
　　(3)年轻的妻子死了丈夫发誓不再结婚。
　　(4)五位战士屹立在狼牙山顶峰,眺望着人民群众和主力远去的方向。

## 三、判断下列句子的语气，并用正确的语气读出来

(1)多么漂亮的花儿啊！
(2)太好了，我们终于取得了胜利！
(3)出了事故，我拿你是问！
(4)为什么我的眼里常含泪水？因为我对这土地爱得深沉。
(5)你说的这些我都不在乎。

## 四、根据提示，读出正确的句调

这是入冬以来，↗胶东半岛上第一场雪。↘雪纷纷扬扬，↗下得很大。↘开始还伴着一阵儿(yīzhènr)小雨，↗不久就只见大片大片的雪花，从彤云密布的天空中飘落下来。↘地面上一会儿(yīhuìr)就白了。↘冬天的山村，到了夜里就万籁俱寂(wànlài-jùjì)，↘只听得雪花簌簌地(sùsù de)不断往下落，↗树木的枯枝被雪压断了，↗偶尔咯吱一声响。↘

（节选自《第一场雪》）

沈从文在"文革"期间，↘陷入了非人的境地。↗可他毫不在意，↗他在咸宁时给他的表侄、画家黄永玉写信说："这里的荷花真好，↗你若来……"↗身陷苦难却仍为(wèi)荷花的盛开欣喜赞叹不已，这是一种趋于澄明(chéngmíng)的境界↘，一种旷达洒脱(sǎ·tuō)的胸襟，↘一种面临磨难坦荡从容的气度。↘一种对生活童子(tóngzǐ)般的热爱和对美好事物无限向往的生命情感。↘

（节选自《态度创造快乐》）

为人进出的门紧锁着，(→平调)(冷眼相看)
为狗爬出的洞敞开着(→平调)，
一个声音高叫着：(↗曲折调)(嘲讽)
——爬出来吧，给你自由！(↘曲折调)(诱惑)
我渴望自由，(→平调)(庄严)
但我深深地知道——(→平调)
人的身躯怎能从狗洞子里爬出！(↑升调)(蔑视、愤慨、反击)
我希望有一天(→平调)，地下的烈火，(稍向上扬)(语意未完)
将我连这活棺材一齐烧掉(↓降调)(毫不犹豫)
我应该在烈火与热血中得到永生！(↓降调)(沉着、坚毅、充满自信)

（节选自《囚歌》）

# 五、判断诗歌或者文章的节奏,并用正确的重音、停连、语气以及语调进行朗诵

## 一棵开花的树

席慕蓉

如何让你遇见我
在我最美丽的时刻
为这
我已在佛前求了五百年
求佛让我们结一段尘缘
佛于是把我化做一棵树
长在你必经的路旁
阳光下
慎重地开满了花
朵朵都是我前世的盼望
当你走近
请你细听
那颤抖的叶
是我等待的热情
而当你终于无视地走过
在你身后落了一地的
朋友啊
那不是花瓣
那是我凋零的心

## 你是人间的四月天

林徽因

我说你是人间的四月天;
笑响点亮了四面风;
轻灵在春的光艳中交舞着变。
你是四月早天里的云烟,

黄昏吹着风的软，
星子在无意中闪，
细雨点洒在花前。
那轻，那娉婷，你是，
鲜妍百花的冠冕你戴着，
你是天真，庄严，
你是夜夜的月圆。
雪化后那片鹅黄，你像；
新鲜初放芽的绿，你是；
柔嫩喜悦，
水光浮动着你梦期待中白莲。
你是一树一树的花开，
是燕在梁间呢喃，
——你是爱，是暖，是希望，
你是人间的四月天！

我看见过波澜壮阔的大海，玩赏过水平如镜的西湖，却从没看见过漓江这样的水。漓江的水真静啊，静得让你感觉不到它在流动；漓江的水真清啊，清得可以看见江底的沙石；漓江的水真绿啊，绿得仿佛那是一块无瑕的翡翠。船桨激起的微波扩散出一道道水纹，才让你感觉到船在前进，岸在后移。

（节选自《桂林山水》）

生存还是毁灭，这是一个值得考虑的问题；默然忍受命运的暴虐的毒箭，或是挺身反抗人世间的无涯的苦难，通过斗争扫清那一切，这两种行为，哪一种更高贵？死了，睡去了，什么都完了；要是在这一种睡眠之中，我们心头的创痛，以及其他无数血肉之躯所不能避免的打击，都可以从此消失，那正是我们求之不得的结局。死了，睡去了，睡去了也许还会做梦。嗯，阻碍就在这儿：因为当我们摆脱了这一具朽腐的皮囊以后，在那死的睡眠里，究竟将要做些什么梦，那不能不使我们踌躇顾虑。人们甘心久困于患难之中，也就是为了这一个缘故；谁愿意忍受人世的鞭挞和讥嘲、压迫者的凌辱、傲慢者的冷眼、被轻蔑的爱情的惨痛、法律的迁延、官吏的横暴和俊杰天才费尽辛勤所换来的得势小人的鄙视，要是他只用一柄小小的刀子，就可以清算他自己的一生？谁愿意负着这样的重担,在烦劳的生命的压迫下呻吟流汗,倘不是因为惧怕不可知的死后,惧怕那从来不曾有一个旅人回来过的神秘之国,是它迷惑了我们的意志,使我们宁愿忍受目前的折磨,不敢向我们所不知道的痛苦飞去？这样,重重的顾虑使我们全变成了懦夫,决心的赤热的光彩,被审慎的思维盖上了一层灰色,伟大的事业在这一种考虑之下,也会逆流而退,失去了行动的意义。且慢！美丽的奥菲利娅！——女神,在你的祈祷中,不要忘记替我忏悔我的罪孽。

(节选自《哈姆雷特》)

周朴园:不许多说话。(回头向大海)鲁大海,你现在没有资格跟我说话——矿上已经把你开除了。

鲁大海:开除了!？

周冲:爸爸,这是不公平的。

周朴园:(向周冲)你少多嘴,出去!

鲁大海:哦,好,好,(切齿)你的手段我早就领教过,只要你能弄钱,你什么都做得出来。你叫警察杀了矿上许多工人,你还——

周朴园:你胡说!

鲁侍萍:(至大海前)别说了,走吧。

鲁大海:哼,你的来历我都知道,你从前在哈尔滨包修江桥,故意叫江堤出险——

周朴园:(厉声)下去!

鲁大海:(对仆人)你们这些混账东西,放开我。我要说,你故意淹死了两千二百个小工,每个小工的性命你扣三百块钱!姓周的,你发的是绝子绝孙的昧心财!你现在还——

周萍:(冲向大海,打了他两个嘴巴)你这种混账东西!

周萍:打他!

鲁大海:(向周萍)你,你!

周朴园:(厉声)不要打人!

鲁大海:放开我,你们这一群强盗!

周萍:(向仆人们)把他拉下去。

(节选自《雷雨》)

近几年来,父亲和我都是东奔西走,家中光景是一日不如一日。他少年出外谋生,独力支持,做了许多大事。哪知老境却如此颓唐!他触目伤怀,自然情不能自已。情郁于中,自然要发之于外;家庭琐屑便往往触他之怒。他待我渐渐不同往日。但最近两年的不见,他终于忘却我的不好,只是惦记着我,惦记着我的儿子。我北来后,他写了一信给我,信中说道:"我身体平安,唯膀子疼痛厉害,举箸提笔,诸多不便,大约大去之期不远矣。"我读到此处,在晶莹的泪光中,又看见那肥胖的、青布棉袍黑布马褂的背影。唉!我不知何时再能与他相见!

(节选自《背影》)

## 祖国啊,我亲爱的祖国

舒婷

我是你河边上破旧的老水车,

数百年来纺着疲惫的歌;

我是你额上熏黑的矿灯,

照你在历史的隧洞里蜗行摸索;

我是干瘪的稻穗;是失修的路基;

是淤滩上的驳船

把纤绳深深

勒进你的肩膊;

——祖国啊!


我是贫困,

我是悲哀。

我是你祖祖辈辈

痛苦的希望啊,

是"飞天"袖间

千百年来未落到地面的花朵;

——祖国啊!

我是你簇新的理想,

刚从神话的蛛网里挣脱;

我是你雪被下古莲的胚芽;

我是你挂着眼泪的笑涡；
我是新刷出的雪白的起跑线；
是绯红的黎明
正在喷薄；
——祖国啊！

我是你的十亿分之一，
是你九百六十万平方的总和；
你以伤痕累累的乳房
喂养了
迷惘的我、深思的我、沸腾的我；
那就从我的血肉之躯上
去取得
你的富饶、你的荣光、你的自由；
——祖国啊，
我亲爱的祖国！

近来不知道什么缘故，这颗心痛得更厉害了。

我要向我的母亲说："妈妈，请你把我这颗心收回去罢，我不要它了。记得你当初把这颗心交给我的时候，你对我说过：'你的爸爸一辈子拿了它待人，爱人，他和平安宁地过了一生。他临死把这颗心交给我，要我将来在你长成的时候交给你，他说：承受这颗心的人将永远正直，幸福，而且和平安宁地度过他的一生。现在你长成了，那么你就承受了这颗心，带着我的祝福。到广大的世界中去罢。'这几年来我怀着这颗心走遍了世界，走遍了人心的沙漠，所得到的只是痛苦，痛苦的创痕。正直在哪里？幸福在哪里？和平在哪里？这一切可怕的景象，哪一天才会看不见？这一切可怕的声音，哪一天才会听不到？这样的悲剧，哪一天才不会再演？一切都像箭一般地射到我的心上。我的心上已经布满了痛苦的创痕。因此我的心痛得更厉害了。

"我不要这颗心了。有了它，我不能够闭目为盲；有了它，我不能够塞耳为聋；有了它，我不能吞炭为哑；有了它，我不能够在人群的痛苦中找寻我的幸福；有了它，我不能够和平地生活在这个世界；有了它，我再也不能够生活下去了。妈妈，请你饶了我罢,这颗心我实在不要,不能够要了。

"我夜夜在哭,因为我的心实在痛得忍受不住了。它看不得人间的惨剧,听不得人间的哀号,受不得人间的凌辱。它每一次跟着我游历了人心的沙漠,带了遍体的伤痕归来,我就用我的眼泪洗净了它的血迹。然而它的伤痕刚刚好一点,新的创痕又来了。有一次似乎它也向我要求了:'你放我走罢,我实在不愿意活了。请你放了我,让我把自己炸毁,世间再没有比看见别人的痛苦而不能帮助的事更痛苦的了。你既然爱我,为何又要苦苦地留着我?留着我来受这种刺心刻骨的痛苦?'我要放走它,我决心让它走。然而它却被你的祝福拴在我的胸膛内了。

"我多时以来就下决心放弃一切。让人们去竞争,去残杀;让人们来虐待我,凌辱我。我只愿有一时的安息。可是我的心不肯这样,它要使我看,听,说:看我所怕看的,听我所怕听的,说我所不愿听的。于是,我又向它要求道:'心啊,你去罢,不要苦苦地恋着我了。有了你,无论如何我不能够活在这样的世界上了。请你为了我的幸福的缘故,撇开我罢。'它没有回答。因为它如今知道,既然它已被你的祝福系在我的胸膛上,那么也只能由你的诅咒而分开。妈妈,请你诅咒我罢,请你允许我放走这颗心去罢,让它去毁灭罢,因为它不能活在这样的世界上,而有了它,我也不能够活在这个世界上了。

"我有了这颗心以来,我追求光明,追求人间的爱,追求我理想中的英雄。到而今我的爱被人出卖,我的幻想完全破灭,剩下来的依然是黑暗和孤独。受惯了人们的凌辱,看惯了人间的惨剧。现在,一切都受够了。可是这一切总不能毁坏我的心,弄掉我的心,因为没有得到母亲的诅咒,这颗心是不会离开我的。所以为了你的孩子的幸福的缘故,请你诅咒我罢,请你收回这颗心罢。

"在这样大的血泪的海中,一个人一颗心算得什么?能做什么?妈妈,请你诅咒我罢,请你收回这颗心罢。我不要它了。"

可是我的母亲已经死了多年了。

(节选自《我的心》)

风儿停了,在这夜,在这无边的海里。风儿丢弃我们,让我们在海雾里被大海和忧伤包围。

我们的船行驶在大海和天空之间。我们把天空凝视,把大海凝视。星星的沉落燃起一堆篝火,我们惊喜一座航标的获得。在天际那无边的海岸上,若干流泪的眼睛在望着我们。

此时我已沉默无语,也毫不惊惶。在我们走神的眼中,船飞快行驶。虽然我们不知道它驶向何方,但我们听惯了海涛的怒吼和狂浪的颠覆,始终坚守在时间的自信和坚强里。

让心与浪花长吻,然后面对面深情地爱抚;让桅杆与海雾长吻,然后各自在梦中静静地睡去。

我们按照哲学和史诗的方式,把船航行在真理和信念中,航行在永恒的波涛和无边的夜色里。任何一个方位都是我们的航向,快和慢都是我们的时间,远和近都是我们的彼岸。

若干鲜花在我们的视野里闪亮,我们睁大眼睛伫立于火光中。我们的心灵一次次苏醒,一次次振奋,一次次低落,一次次忧伤。我们多少次体验生命的全过程,传递永爱和真知,以使人类心灵完整而丰富。

整个大海都是我的心,整个天空都是我的灵魂。我们的灵气和才气,就是这无边的夜里那明亮的灯火,与那灯火照耀的无边的海岸。

而我们的生命就像一只永不停息的船,航行在起点和终点,如这恒常的孤岛,永远在海里。

(节选自《我是岸,我是灯火》)

### 思考与练习

1. 什么是重音?
2. 根据什么判断停连的位置?
3. 朗诵怎么表达出正确的情感?

## 拓展延伸

[1] 李红岩. 诗歌朗诵技巧[M]. 北京:中国广播电视出版社,2002.

[2] 谢伦浩. 文学作品朗诵艺术[M]. 2版. 北京:中国广播影视出版社,2020.

# 第三章　演讲技能训练

**【章目要览】**

演讲是以有声语言为主要手段、以体态语言为辅助手段的综合口语表达活动；演讲由演讲者、受众、演讲内容三部分组成；演讲从内容上可分为政治演讲、学术演讲和社会生活问题演讲；演讲从准备情况可分为备稿演讲和即兴演讲；演讲要求语音准确规范、语调和谐、言辞精练准确、语言通俗易懂。

**【相关知识】**

普通话发音技能，朗读技能，口语表达方式。

**【重点提示】**

演讲的类型，演讲的要求，演讲的技巧。

## 第一节　演讲概述

### 一、演讲的含义

演讲，也称演说或讲演。演讲者通过在大庭广众下，以有声语言为主要手段，以体态语言为辅助手段，针对某一问题或话题发表自己的见解，陈述自己的观点，倾注自己的情感，最终能够达到说服、影响、教育、感染他人的目的。这是一种由有声语言、主体形象、表演、时境构成的综合口语表达活动。

### 二、演讲的要素

演讲主要由演讲者、受众、演讲内容三部分组成。三者相辅相成，缺一不可。

### (一)演讲者

演讲者是演讲的主体,作为一个演讲者,需要拥有丰厚的文化知识,敏锐的观察能力,高远的思想境界,同时要在实践中不断总结、掌握有关演讲的各种技巧与谋略,使它们在自己的演讲中达到完美的融合。

### (二)受众

演讲是以影响他人为主要目的的,演讲成功与否,最终取决于受众的反应。因此,演讲者在演讲前要对受众的文化层次、思想观点、心理倾向,以及年龄、职业等因素做到心中有数。

### (三)演讲内容

演讲的内容需符合当前的实际,符合受众的需要。同时,演讲的内容一般是演讲者本身所熟悉的,并且对此有切身且真实的感受。只有真情实意、有的放矢的演讲才会产生强大的感召力和生命力。

## 三、成功演讲的标准

演讲就其风格而言,是多种多样的,但作为成功的演讲,其优势主要表现在内容真实而适时,表达声情并茂,态势与语言协调,同时受众反应强烈,现场效果好。概而言之,大致包括以下十点:

1. 有胆有识,见解新颖;
2. 有感而发,情真意切;
3. 尊重受众,因人而施;
4. 逻辑性强,无懈可击;
5. 文情兼备,布局得体;
6. 文理畅达,条贯统序;
7. 善用修辞,生动形象;
8. 以简驭繁,言简意赅;
9. 以情带声,声情并茂;
10. 仪表端庄,从容不迫。

## 四、演讲者的基本素养

### (一)有浓厚的兴趣

人们常说"兴趣是最好的老师"。只有当你钟情于某一事物时,才会不惜代价,为之付出艰苦的努力。正是基于此,人们才会对演讲的内容字斟句酌,对演讲的技巧仔细推敲,对因之而获得的成功欣喜万分。这所有的这一切,都是兴趣在发挥着主要的作用。

### (二)有不怕挫折、勇敢实践的勇气

演讲是一种能力,人人都有潜力可挖。但这一潜力的挖掘,需要在实践中进行。就如同懂得游泳理论的人,如果不下水,永远只能是一只旱鸭子。我们要提高自己的演讲能力,就需要积极投身演讲实践,敢于敞开心扉,敢于开口练习。

### (三)有坚持不懈的恒心

任何人都不可能奢望自己会在一夜之间成为一个口若悬河的演讲家。一门技艺的掌握,必须花费一定的时间。人们总是在艰苦的实践中,经过点点滴滴不懈地积累,不断地丰富,才成长起来的,演讲也是如此。演讲能力的提高,离不开循序渐进、持之以恒的磨炼过程。演讲内容由简到繁,演讲技巧由生到熟,演讲方式由单一表现到多种手段的综合运用,都需要一步一个脚印地练习。

### (四)有多听多看、博采众长的胸襟

在学习演讲的过程中,多听多看,采众家之长,去自家之短,方能有进步,才能拥有尽可能多的比较、鉴别的对象,悉心体悟,知所去取。

## 第二节 演讲的类型与特点

运用不同的标准,从不同的角度对演讲进行划分,可以得到很多不同的类型。

# 一、从演讲内容来看

## （一）政治演讲

政治家就国家内政事务或对外关系表明立场、发表见解和主张的演讲，或其他人针对国内外现实生活中的政治问题阐明自己政治观点的演讲，都是政治演讲。比如一些国家的竞选演讲、就职演讲；国家领导人的重要报告，或在国际国内重要会议上的发言、战前的鼓动演说，以及在其他政治集会上的公开演讲。军事演讲、外交演讲、政府工作报告都是政治演讲的范畴。

政治演讲的基本特点：

第一，鲜明的思想性。政治家用自己独到的见解来表明自己明确的政治观点和鲜明的政治立场。思想的鲜明在政治演讲中显得尤为重要，没有思想性，就没有政治演讲。

第二，严密的逻辑性。要使受众了解、相信并接受自己的政治观点或政治主张，演讲者需要赋予演讲以强大的逻辑力量，使之顺理成章，严密周详，水到渠成。

第三，强烈的鼓动性。政治演讲的目的是为受众指示一种行动的方向，所以它比其他演讲更具强烈的宣传鼓动性。这种宣传鼓动性来自演讲者卓越的政治见解，雄辩的逻辑论证，鲜明的立场，坚定的信念和强大的情感力量。

《我有一个梦想》

## （二）学术演讲

学术演讲是就科学领域中的学术问题，进行分析、研究，向受众传授学术理论、发表学术见解、表述科研成果的演讲。如学术会议上的发言、各类学术报告、学术讲座、科研成果报告等都属于这个范畴。

学术演讲的基本特点如下：

第一，内容的科学性。学术报告所揭示的是客观事物的内在联系、本质和规律，所以需要观点正确且科学、材料翔实、论据充分，能体现严谨的治学态度和自己独到的见解。

第二，语言的严谨性。学术演讲中，除普及科学知识的内容要讲得比较生动、风趣之外，一般都比较严肃。要注意语言的准确性与严密性，言简意赅，论证严密无误。

第三，手段的多样性。学术演讲除借助口语、体态语表达内容之外，还常借助投影、挂图、板书、录音、录像、实物、多媒体演示文稿、线上活动等多种手段进行,以加强直观性,提高其表达效果。

第四,时间的限制性。在学术会议上,除讲座性和科普性演讲时间较长外,演讲者的发言时间一般有限制。论文宣讲一般在十到二十分钟,有的只有几分钟,因此需要演讲者在有效的时间内通过多种方式和途径尽可能清晰地展示学术观点。

### (三)社会生活问题演讲

社会生活问题演讲,是就社会生活中大家关心的某些现实问题或思想问题进行说明、分析、评论的演讲。它涉及社会生活的各个方面,从思想、道德、伦理,到科学、经济、文化、艺术;从国际国内大事,到平凡的日常小事;从历史到现实,从过去到现在,都可以涉及。

社会生活问题演讲的基本特点:

第一,题材的广泛性。社会生活问题的演讲内容非常丰富,题材十分广泛。某一社会领域、某一社会现象、某一社会问题或某一具有社会意义的事件,都可以作为此类演讲的素材。

第二,形式的多样性。纵观我国近年来的演讲活动,主要有演讲报告会、主题报告会、读书报告会、演讲比赛等几种形式。

第三,强烈的时代感。社会生活问题演讲的内容都是与当代社会生活密切相关的,所以演讲者需要把握时代的脉搏,从人们最关心、最迫切需要解决的问题讲起,并不断发现和收集现实生活中各种新的信息,充实自己的演讲,使之更富时代气息、更富鼓动力和震撼力。

第四,突出的社会教育作用。社会生活问题演讲是反映人民意志、体现人民愿望、表达人民呼声的。它赞扬和支持进步的思想,批评和斥责落后腐朽的思想,使人们看到生活的希冀、理想的曙光,由此进一步付诸实践,去创造美好的社会和人生。

## 二、从演讲的准备情况来看

备稿演讲是由别人拟定题目或演讲范围,并经过准备所做的演讲。它的特点是主题鲜明、针对性强、内容稳定、结构完整。

即兴演讲是演讲者在事先无准备的情况下就眼前情境、事物、人物临时起兴发表的演讲。它的特点是有感而发、时境感强、篇幅短小。

## 第三节　演讲的基本要求

### 一、语音准确规范

演讲是演讲者与受众之间的一种交流,作为桥梁的语音需要准确规范,才能达到沟通的目的。因此,演讲者不仅要会讲普通话,而且对一些难点音要重点突破。同时要多进行吐字归音的训练,做到咬字吐字清晰,归音到位。另外,圆润明朗的音质,自然流畅的表达,对演讲来说无疑是锦上添花。只有使声音保持洪亮清晰,铿锵有力,才会使自己的演讲具有强大的吸引力。要做到这一点,首先要检查一下自己是否用鼻音说话,嗓音是否尖厉刺耳,是否粗嘎沙哑,音响是否失度,呼吸是否从容,底气是否充足,演讲时是否结巴、颠三倒四等。如果有这些问题,那就要通过练习加以克服。

### 二、语调和谐,节奏鲜明

#### (一)演讲的停顿

演讲的停顿作为演讲换气的间隙,既表示结束上句,又表示开启下句,以此加强语言的清晰度和表现力。有时为了表达某一情感,强调某一观点,突出某一事物,在句中没有标点的地方也会做适当的停顿。

‖如果我们|选择了|最能为人类福利|而劳动的职业,‖那么,‖重担|就不能|把我们|压倒,‖因为这是为大家|而献身;‖那时|我们所感到的|就不是|可怜的、有限的、|自私的乐趣,‖我们的幸福|将属于|千百万人,‖我们的事业|将默默地、但是永恒发挥作用地|存在下去,‖而面对|我们的骨灰,‖高尚的人们|将洒下热泪。

(节选自《青年在选择职业时的考虑》)

这种间隙停顿,加重了表达意向,强化了人们的印象。有时,在列举事例之前;话题转移之际;做出人意料的回答之前;会场气氛热烈,出现掌声或笑声时,都应做出恰当的停顿。

### (二)演讲的重音

演讲的重音指根据表情达意的要求,有意突出强调,并引起受众注意和加深受众印象的声音。一般用增加声音的强度和减弱声音的强度来体现。例如:

让暴风雨来得更猛烈些吧!

"更猛烈"应加重音量,突出了呼唤革命风暴到来的高昂情绪。

### (三)演讲的速度

演讲的速度指演讲者发音时音节的长短和整个演讲的进程。在讲到重要内容、事迹感人的地方,为了便于受众理解和记忆,应慢一些,在讲到一般内容时,就可快一些。

当战士们抬起头来的时候,演员们惊讶地发现,天长日久的冰雪酷寒,割破了他们的面颊,使战士们的脸上满是纵横的沟壑疤癣,比古老的松树皮还要粗糙!(慢)演员们落泪了,因为他们所面对的,是一群和他们同样年轻,同样充满热情的兄弟!(渐快)他们把自己的青春献给了这寂静的山崖,献给了这无声的土地,(快)为什么?这就是爱,对祖国母亲那份深深的爱!(慢)

在这段演讲稿中,演讲者着重在速度的快慢上下功夫,将自己浓烈的思想感情融于这一张一弛中,催人泪下。除此之外,速度的处理还应着眼全篇,统筹安排,使之张弛有节,衔接自然。

### (四)演讲的抑扬

演讲的抑扬指为了表达一定的思想情感、符合特定的语言环境而在语句的声音上表现出来的高低变化。常见的有四种:

(1)高升调。前低后高,语势渐升。部分疑问句暂停的地方用升调。升调还用于表示鼓动、反问、设问、号召等内容。

卓别林在《为自由而战斗》中:哈娜,你听见我在说什么吗?不管你在哪里,你抬起头来看啊!

用升调表示高昂的情绪,很有感召力。

(2)降抑调。前高后低,语势渐降。一般用于陈述句、感叹句和祈使句。同时也用于表示肯定、坚决、赞美、祝愿等感情内容。

卓别林在《为自由而战斗》中:战士们,为了民主,让我们团结在一起!

使用降抑调,表现出演讲者战斗的决心。

(3)平直调。全句语势平直舒缓,没有明显的升降变化,用于不带特殊感情的陈述和说明,还用于表示庄重、悲痛、冷淡等感情。

恩格斯在《在马克思墓前的讲话》中:3月14日下午两点三刻,当代最伟大的思想家停止思想了。让他一个人留在房里还不到两分钟,等我们再进去的时候,便发现他在安乐椅上安静地睡着了——但已经是永远地睡了。

这段语势平缓,表达了演讲者沉痛哀悼之情。

(4)曲折调。全句语势升降起伏,曲折多变,一般用来表示多种感情的变化。

闻一多在《最后一次的讲演》中:反动派暗杀李先生的消息传出后,大家听了都悲愤痛恨。我心里想,这些无耻的东西,不知他们是怎么想法,他们的心理是什么状态,他们的心是怎样长的!(捶击桌子)

这段愤激有力的话,先抑后扬,语势曲折富于变化,将作者那种悲愤交集的情绪表达得酣畅淋漓。

## 三、言词精练准确

演讲的语言要精练准确,要用最短的时间说明最主要的道理,用尽量少的语言传递尽量多的信息,同时遣词造句也能够确切地表情达意,客观地反映事物的内涵。

丘吉尔在《没有胜利就没有一切》中:摆在我们面前的,是一场极为痛苦的严峻的考验。在我们面前的,将是旷日持久的斗争和无休无止的苦难。你们问:我们的政策是什么?我的回答是:在海上、陆地和空中进行作战。尽我们的全部能力,尽上帝赋予我们的全部力量去作战,同一个在人类黑暗悲惨的罪恶史上前所未有的穷凶极恶的暴政进行战争。这就是我们的政策。你们问:我们的目标是什么?我可以用一个词来回答:胜利——不惜一切代价,去赢得胜利;不惧一切恐怖,去夺取胜利;无论道路多么漫长艰难,也要赢得胜利。

这里用精辟而充满力量的语言,将新政府的政策及态度准确地、鲜明地表现出来,使受众朝着既定目标,义无反顾地前进。

## 四、语言通俗易懂

演讲对象的广泛性决定了演讲的语言需要通俗易懂,这样才能和各个层面的受众进行交流,引起他们的共鸣。需要注意:第一,多用口语化语言。如多用简洁明快的短句,多用明白易懂的常用词,多用音节清晰、语调铿锵、不产生歧义的词等。第二,多用符合受众习惯的语言。用受众熟悉的语言去进行演讲,会使演讲增加可信性,和受众缩短沟通的距离。第三,要在推敲锤炼上下功夫。浅显不等于浅陋,通俗不等于庸俗。平易通俗的语言正是为了帮助受众更加明了演讲中所涵盖的丰厚的思想内容和深刻的独到见解。

毛泽东写在《湖南农民运动考察报告》中:信八字望走好运,信风水望坟山贯气。今年几个月光景,土豪劣绅贪官污吏一齐倒台了。难道这几个月以前土豪劣绅贪官污吏大家走好运,大家都坟山贯气,这几个月忽然大家走坏运,坟山也不贯气了么?

毛泽东在这里运用了一些语气词和一些当地农民能理解的"土语",避免使用马克思主义深奥的哲学语言向广大农民宣传无神论,整段文字更通俗,更生动且更易为人接受。

## 第四节　演讲技能训练

### 一、内容准备训练

#### (一)开场白训练

开场白的方式多样,常见的有设置悬念、引用名言、巧提问题、开门见山、宣讲故事等。开场白要注意长度适中,避免出现平淡的、自我吹嘘的或谦辞过多的开场白。

诸君看见我这题目,一定说梁某不通:女也是人,说人权自然连女权包在里头,为什么把人权和女权对举呢?哈哈! 不通诚然是不通,但这不通题目,并非我梁某人杜撰出来。社会现状本来就是这样的不通,我不过照实说,而且想把不通的弄通罢了。

(节选自《人权与女权》)

刚才凯丰同志讲了今天开会的宗旨。我现在想讲的是:主观主义和宗派主义怎样拿党八股做它们的宣传工具,或表现形式。我们反对主观主义和宗派主义,如果不连党八股也给以清算,那它们就还有一个藏身的地方,它们还可以躲起来。如果我们连党八股也打倒了,那就算对于主观主义和宗派主义最后地"将一军",弄得这两个怪物原形毕露,"老鼠过街,人人喊打",这两个怪物也就容易消灭了。

(节选自《反对党八股》)

公民们,请恕我问一问,今天为什么邀我在这儿发言?我,或者我所代表的奴隶们,同你们的国庆节有什么相干?《独立宣言》中阐明的政治自由和生来平等的原则难道也普降到我们的头上?因而要我来向国家的祭坛奉献上我们卑微的贡品,承认我们得利并为你们的独立带给我们的恩典而表达虔诚的谢意么?

(节选自《谴责奴隶制的演说》)

实践操练:
1.分析上述三个示例中的开场白分别采取了哪些方式?
2.为"青春在奋斗中闪光"这个演讲题目,设计三种以上不同的开场白。

## (二)正文训练

一般的演讲稿只需要设置一两个主要论点,论点如果太多,不利于受众的理解。其结构形式,常见的有按事物存在、事物发展的时间顺序来推进的时序式;有结构形式环环相扣、内容层层深入的递进式;还有从不同角度不同侧面去阐述同一论点或叙述同一事件的分列式等。过渡语要丰富,不断为受众提供内容线索,以便受众能够更好地理解和记忆你说的话,不能太过简单和相似。内容的预告和内部的小结都可以穿插到过渡语当中,提醒受众你的演讲是如何有效组织起来的。

实践操练:想想下面三个演讲题目的结构方式并拟出提纲。
1.当疫情袭来的时候
2.成功的路就在脚下
3.青春在奋斗中闪光

## (三)结尾训练

常见的有总结式、鼓动式、展望式、引用式、启发式、抒情式、呼应式、警言式等。春分刚刚过去,清明即将到来。"日出江花红胜火,春来江水绿如蓝。"这是革命的春天,这是人民的春天,这是科学的春天!让我们张开双臂,热烈地拥抱这个春天吧!

(节选自《科学的春天》)

我所希望的"少年中国"的"少年运动"，是物心两面改造的运动，是灵肉一致改造的运动，是打破知识阶级的运动，是加入劳工团体的运动，是以村落为基础建立小组织的运动，是以世界为家庭扩充大联合的运动。少年中国的少年啊！少年中国的运动，就是世界改造的运动，少年中国的少年，都应该是世界的少年。

（节选自《"少年中国"的"少年运动"》）

泥土和天才比，当然是不足齿数的，然而不是坚苦卓绝者，也怕不容易做；不过事在人为，比空等天赋的天才有把握。这一点，是泥土的伟大的地方，也是有大希望的地方。而且也有报酬，譬如好花从泥土里出来，看的人固然欣然的赏鉴，泥土也可以欣然的赏鉴，正不必花卉自身，这才心旷神怡的——假如当作泥土也有灵魂的说。

（节选自《未有天才之前》）

实践操练：

1. 分析上述三个示例中的结尾分别采取了哪些方式？
2. 为"当疫情袭来的时候"这个演讲题目，设计三种不同的结尾。

## 二、演讲口语表达训练

在叙述型演讲中，起声要从容不迫，干净明朗，然后由浅入深，使整个讲述如行云流水一般通畅无碍。同时，对演讲中一些重点段落或议论部分，在口语表达上和叙述语言要有所区别，要显得凝重、有力，突出主题。

实践操练：把下面一段演讲词按照上面的要求演讲出来。

我从十七岁开始从事羽毛球运动，至今已经十四年了。在这十四年里，我有过成功的经验，有过当世界冠军的喜悦，也有过失败的教训和痛苦。

一九八四年，在汤姆斯杯决赛中，我在关键的一场比赛中失掉了关键的一分，使汤姆斯杯重归印尼。多年来，我参加过不少场比赛，大大小小的冠军拿过不少，可是，从来都没有向全国实况转播过。只有这一次实况转播，可我输了。

失败归来，摄影机、照像机、鲜花和笑脸都是向着胜利者的，对于我，有的说我是历史的罪人，要我向全国人民请罪；有的甚至要开除我的国籍。一片指责声。我每天读着大量的群众来信，压力巨大，心情非常沉重。我多么希望胜利时围前围后的领导和同志们出现在我面前，跟我谈谈，但是他们都不见了，记者也不来采访了，一些朋友也去寻找新的朋友了，该离开的都离开了。……

（节选自《在失败面前》）

议论型演讲是通过准确揭示概念的内涵和外延,进行恰当的判断、严密的推理,层层深入来反映事物本质规律。口语表达的情感色彩较淡,理性的、严肃诚恳的表述较多,但在讲述观点或与之相关的重点内容时,语气一定要十分坚决、肯定,同时,在进行逻辑推理时,口语表达要随之展现出丰富的层次感。演讲的结尾要高亢坚决,收束有力。

实践操练:把下面一段演讲词按照上面的要求演讲出来。

心理学家的分析说,一个人自信他能成功,他就会朝着这个目标努力奋进,就很可能成功!就好比一个人如果老是觉得自己很丑,他就会真的生出一脸傻相;如果他认为自己很美,他的一举一动就会自然潇洒,真的就会变得很美,这就是自信的力量!自信,常与凯旋相随;自卑,总与落后为伴。姐妹们!我们女人哪个没有生活的坎坷?谁人没有一本难念的经?然而,今天的女性决不是过去的女性,因为我们不仅有家庭有儿女,我们还有事业和女性的尊严!今天,命运之神对人的垂青,已不再是年龄和性别,而是才干、素质和自信!让我们抛掉那萦回于胸的个人恩怨、私情、怯懦和自卑,迎接时代的挑战吧!新女性的自强和自信,是一个划时代的觉醒!而东方女性觉醒之日,就是中华民族这条巨龙腾飞之时!让我们昂起头来,和男性公民们站在同一地平线上,升上人类心智和情感的天空,勇敢地拥抱明天的太阳!让我们永远告别弱者、告别昨天,请记住:自信,是我们女性崛起的灵光!

(节选自《自信——女性崛起的灵光》)

在抒情型演讲中,口语表达一般都具有较浓的情感色彩。但需有感而发,不要故作姿态,弄巧成拙。感情的引发需要有一个酝酿过程,由浅入深,进入高潮。在高潮中,可以通过减慢或加快速度,或通过一些特殊技巧,如颤音、气声、喷口、拖腔等,进一步渲染,使之更加深入人心。在整个演讲中,情感的抒发要注意强与弱的安排,快与慢的对比,不能一味地高亢激越或不止不休。在演讲的结尾,可根据情感表达的需要,或激昂,或奔放,或深沉,或隽永等,而不是一成不变的。

实践操练:把下面一段演讲词按照上面的要求演讲出来。

两年前,我曾站在东北师大附中的演讲台上向朋友们倾述过《妈妈的心事》。刚才,当我手捧着题签,望着上面"妈妈的眼睛"这5个字时,我的脑海里立刻浮现出一双美丽明亮的眼睛,那就是妈妈的眼睛。

难忘啊，妈妈临终前的那双眼睛！她躺在病床上，苍白的脸上挂着两道泪痕，使我难受不已。她紧紧地拉着我的手，那双充满着期望与慈爱的眼睛似乎对我说："孩子呵，你要顽强地生活下去，将来做个有出息的人。"我多么希望那闪烁着母女之爱与希望之光的眼睛永远地看着我啊！可是无情的病魔还是夺走了妈妈年轻的生命。任凭我喊破了喉咙，哭干了眼泪；任凭我扑在她的身上，贴着她的脸，摇着她瘦小的身躯，妈妈的眼睛还是永远地合上了。哦，亲爱的妈妈！您睁开眼睛，再看一看您心爱的女儿啊……妈妈的眼睛里，有崇高的心愿和坚强的意志，它永远地铭刻在我的记忆之中。

我的心分成了两个世界。一个世界里盛着妈妈圣洁的双眼，另一个世界是在妈妈的眼睛鼓舞下迸发的自强不息、顽强奋斗的精神。妈妈的眼睛给了我无穷的力量，是我生活中前进的动力，是我生命的奇迹的喷泉。

当我感到孤独的时候，我想起了妈妈慈爱的眼睛，它告诉我生活中到处充满着爱，它让我去寻找纯洁的友谊。

(节选自《妈妈的眼睛》)

## 三、体态语训练

1. 双眼分别向左、上、右、下四个方向转动，反复做几次，再逆时针做几次。
2. 用眼光去追逐一只飞鸽，注意眼光要集中，有神。
3. 对镜观察自己在不同的心理状态下面部表情的变化，如大笑、微笑、苦笑、忧愁、平静、惊讶、悲伤、兴奋、愤怒等。
4. 在日常生活中，注意观察与你交流的人的面部表情。
5. 观察并收集人们说"你好""再见"等常用语时的各种不同手势，说说这些手势同交际双方的人际关系有何联系。
6. 请同学做一次事先有准备的演讲，注意体态语的运用。
7. 召开一次小型演讲会，每位同学从下面提供的题目中临时抽题，做三分钟即兴演讲。注意观察每位同学的入场、控场、退场，以及讲话过程中的身姿、手势、表情、眼神等。然后同学们互相评价。

(1)我爱我的专业。
(2)欢迎你到我们学校来。
(3)如果我当上了班长。

8.进入演讲会场,应落落大方,态度谦和,不可东张西望,搔首弄姿,忸怩作态,也不要目空一切,装腔作势,或者局促不安,手足无措。设想自己正进入演讲场,训练自己进场时得体自然的神情举止。

9.当走上演讲台时,要先向主持人点头致谢,然后步履稳健,目视前方,走上讲台。站稳后,目光迅速扫视全场,与受众做一次目光交流。如有嘈杂不静的情况,就稍等片刻,眼睛可以瞄住发出声音的地方,使会场安静下来,然后开始演讲。设想自己正走上演讲台,即将开始演讲,训练自己上台时的神情举止。

10.演讲结束走下台时,不要慌张匆忙,应从容谦和。如果受众热烈鼓掌,应以鼓掌回报或举手致意,表示感谢。训练自己下台或退场时的神情体态。

## 四、演讲的临场应变技巧训练

1.成功的演讲者,往往能够在逆境中取胜。其秘诀在于他们具有临场应变的能力。假如你在演讲中遇到下面几种情形,你将如何应对?

(1)吹口哨、鼓倒掌、喝倒彩等混乱局面。

(2)受众打瞌睡、玩手机等冷场现象。

(3)突然出现的领导、专家引起的轻微骚动。

2.在某种特殊的环境中,受众会就有关内容向演讲者提问,请求解答。有的提问是真心请教,有的提问是试探演讲者的水平,还有的提问是故意刁难。面对这些情况,如何应对才是得体的?

3.在演讲中由于紧张或激动,读错了字音或说错了话,该怎样进行补救?

4.在演讲中如果突然出现"卡壳",即说了前句忘了后句时,应该怎样处理?

5.前苏联中央电视台女播音员瓦莲金娜·列昂节耶娃向受众介绍一种摔不破的玻璃杯,准备时几次试验都很顺利,谁知正式播出时,竟摔得粉碎。她灵机一动,说:"看来发明这种玻璃杯的人没考虑我的力气。"你认为她的应对是否得当?这对我们在演讲中处理类似的意外情况有什么启示?

6.在公司述职中,因紧张怯场,大脑一片空白,被上司赶下台,你该怎么办?

## 五、综合训练

以"责任"或"理想"为题,写一篇两千字左右的演讲稿,并综合运用各种技巧,把它艺术性地演讲出来,请同学们加以评判。

## 思考与练习

1. 在培养演讲能力的过程中,你能做什么?
2. 在备稿的过程中要注意哪些问题?如果把"备稿"等同于"背稿",会带来哪些结果?
3. 请从以下命题中任选一个,写一篇演讲稿,要注意设计讲稿的开头、主体和结尾,准备熟练之后,在班上举行一次主题演讲比赛。
   (1)我和我的祖国。
   (2)切莫辜负青春年华。
   (3)学校与我同在。
4. 请根据以下标题,进行即兴演讲。
   (1)在毕业典礼上的讲话。
   (2)竞选班长。
   (3)谈和谐社会。
   (4)谈谈你对"经典"的看法。
   (5)社会上"插队"的现象频繁发生,你是怎么看的?
   (6)成长的烦恼。
5. 有声语言训练——设计下面一段演讲内容的停连、重音、语气、语调、节奏等。

   我梦想有一天,每一个山谷都将填平,每一座丘陵、高山都将夷为平地,所有的坎坷之地都将变成平原,所有的曲折之处都将平直。上帝的荣光将再次显现,各位都会亲临这一切。这是我们的愿望,我将带着这愿望回到南方。有了这一愿望,我们就能从绝望的群山中劈出一块希望之石;有了这一愿望,我们就能把喋喋不休的争吵变成一曲和谐美妙的交响乐;有了这一愿望,我们就能一起工作,一起娱乐,一起斗争,一起入狱,一起维护自由。坚信吧,总有一天我们会自由……

   (节选自《我有一个梦想》)

6. 态势语言训练——为下面一段演讲内容设计得体的体姿、表情、眼神、手势,并进行模拟演讲。

   我已经把我的一生奉献给了非洲人民的斗争,
   我为反对白人种族统治而斗争,
   我也为反对黑人专制而斗争。

我怀有一个建立民主和自由社会的美好理想,
在这样的社会里,
所有人都和睦相处,
有着平等的机会。
我希望为这一理想活着,
并去实现它。
但如果需要的话,
我也准备为它付出生命。

(节选自《我是第一个被指控的人》)

7.根据以下情景,迅速构思,组织有声语言,并设计适当的态势语言,以小组为单位进行试讲。

(1)第一次拜访客户,进行自我介绍。

(2)在团队会议中进行总结发言。

(3)和朋友讨论假期旅行计划时,积极表明自己的观点。

(4)和亲人相聚时,述说自己最近遇到的一件新鲜事。

## ✪ 拓展延伸

[1]中国大学慕课网:口才与演讲实训教程.

[2]爱课程:演讲与口才全集.

[3]2019年华语辩坛老友赛第二场.

[4][美]戴尔·卡耐基.演讲与口才全集[M].徐枫,译.北京:北京工业大学出版社,2017.

[5][美]杰瑞·魏斯曼.魏斯曼演讲圣经3:臻于完美的演讲[M].黄杨勋,译.北京:中国人民大学出版社,2012.

# 第四章　辩论训练

**【章目要览】**

辩论,是见解不同的人就同一对象或话题阐述各自的主张、见解,揭露对方的矛盾,有理有据地展开争论的过程。辩论的意义在于认识真理,否定谬误,培养批判性思维能力,提高语言表达能力。根据辩论的目的,可分为应用辩论、赛场辩论等。辩论具有观点的对立性、论理的严密性、表达的临场性、思维的机敏性等特点。辩论要求观点明确、有理有据、有礼有节。

**【相关知识】**

语言理论、演讲学、口才学、逻辑学、心理学的相关知识。

**【重点提示】**

辩论的类型与特点;辩论的要求;辩论训练。

## 第一节　辩论概述

### 一、什么是辩论

"辩,治也。从言在辛之间。"段玉裁注:"谓治狱也。""辛"即罪人,"言"表示言辞,两罪人以言辞相向,即互讼、争辩之义。《汉语大字典》释之为"辩论,辩驳"。《墨子·经下说》:"辩也者,或谓之是,或谓之非。当者,胜也。"因为对同一问题会产生不同的看法,持不同见解的人相互争论,于是就出现了辩论。

"论,议也,从言仑声。"段玉裁注:"凡言语循其理得其宜谓之论。"《汉语大字典》释之为"分析,说明事理"。论,重在说明事物理据的是非,根本要义是有理有据。

辩论，又称"论辩"，就是辩驳争论的意思，指见解不同的人就同一对象或话题阐述各自的主张、见解，揭露对方的矛盾，有理有据地展开争论的过程。

辩论的目的在于弘扬真理、批驳谬误。作为一种思想和语言的交流形式，辩论在中西方文明史上都有过高度的发展，成为一种普遍的社会现象。

在我国周朝，由于周天子代表的中央权威受到新兴地主阶级的挑战，社会解体，各诸侯王称霸中原，诸侯国之间相互征伐。于是诸子百家兴起，他们游诸侯，说人主，聚徒讲学，议论时政，相互辩诘，形成了百家争鸣、百花齐放的局面，使得先秦辩论之风盛行。汉时对神灭论的探讨，三国时期诸葛亮舌战群儒以促成吴蜀联盟，唐时韩愈的《讳辩》等篇章，延至当今的国际大专辩论赛、全国大专辩论会，无一不体现出辩论的魅力。

相对于我国的春秋战国时期，西方正处于三大哲人生活的时代。苏格拉底常用辩论的方式来传播学术思想，在辩论中他以提问的方式揭露对方提出的各种命题、学说中的矛盾，以动摇对方论证的基础，指明对方的无知。他的弟子柏拉图把辩论术称为"用论据赢得人心的一种普遍性艺术"。作为古希腊贤哲的集大成者，亚里士多德著有多部关于辩论学的著作，如《修辞篇》《辩谬篇》《辩论篇》。

到了古罗马时期，"能言善辩"成为衡量人才的一个重要标准。

历经文艺复兴及思想启蒙运动，西方形成了以学术辩论、法庭辩论为辩论规范，以公众辩论、竞技辩论为群众基础的辩论氛围。

## 二、辩论的意义

辩论作为一种口语表达方式，被广泛地运用于政治、经济、文化等各个领域。随着经济的日益发展，民主生活的日益加强，交际活动的日益频繁，人们价值观念、思想意识的日益多元化，辩论在我国的社会生活中受到越来越大的重视，其重要性越来越凸显。辩论不仅可以提高人们的批判性思维水平，同时也为人类更加客观理性地认识世界，更加充分地论证以及决策，提供了一种有力的方法。

### （一）有利于明辨是非，认识真理，否定谬误

世界上的事物、现象纷繁复杂，辩论可以使人们认清事物的本质属性，从而明辨是非，认识真理。马克思说："真理是由争论确立的。"辩论的过程，也正是人们否定谬误、探求真理、捍卫真理的过程。历史上，伽利略在比萨斜塔上的论争，使得他

战胜亚里士多德,从而建立起自由落体定律;在牛津大学的辩论,捍卫了哥白尼的日心说,批判了统治西方一千多年的地心说。

一位神学家在鼓吹"上帝是万能的",这时有一个人(后来著名的无神论者布鲁诺)站起来,大声问道:"我可以问个问题吗?""当然可以。"神学家故作大度。"上帝果真像你说的那样万能吗?""那当然,这是毫无疑问的。"

"上帝能够创造一切吗?"

"是的。"

"那上帝能创造出一块连他自己也搬不动的石头吗?"

"当然可以。"神学家不假思索地回答道。

"那他岂不是举不动那块石头,而你怎么能说上帝是万能的呢?"

人类就是在不断的辩论中辨别事物属性,而真理也在一次又一次的辩论中得到人们的认同。

### (二)有利于激发潜能,培养批判性思维能力

辩论是思想的交锋。之所以有辩论的出现,就是因为人们有疑惑或者观点有分歧。在对立面的冲击和挑战下,人们需要证明自己是正确的,而且还要证明在哪些方面、何种程度上、什么条件下和什么范围内是正确的,这就需要用基于充分理性和客观的批判性思维来证明观点的合理性。对于个人而言,经常进行有意识的辩论,可以激发自己的潜能,培养批判性思维能力,使人的思维活跃,思想观念处于常新的状态,不墨守成规而敢于创新。

一天乾隆和纪晓岚谈到了忠孝的问题,当然他们都认同"君要臣死,臣不得不死"的信条,乾隆有意刁难纪晓岚,就赐他投河而死,纪晓岚是何以脱身的呢?他到河边装装样子,又回到乾隆这里复旨,说:"我走到河边,正要往下跳时,屈原从水里向我走来,他说:晓岚,你此举大错矣!想当年楚王昏庸,我才不得不死,你在跳河之前应该先回去问问皇帝是不是昏君,如果不是昏君,你就不该投河而死;如果说皇上跟当年楚王一样昏庸,你再死也不迟啊!"听罢,乾隆还如何敢赐死纪晓岚呢?因为纪晓岚一死,他就要背上昏君的骂名,纪晓岚就此逃过一劫。

### (三)有利于开发智力,增长知识,提高语言表达能力

辩论不但是知识的汇集,更主要的是知识的碰撞和交融。在辩论准备过程中,辩论双方要收集整理各种相关资料和信息,这本身就是一个增长知识的过程。在

辩论中,双方把自己的信息传递给对方,这使得双方都获得了更多新的知识,让双方了解自己不曾或者无法看到的存在。辩论是一种高层次的说话艺术,直接、对抗、多变、睿智、华美、亲切等语言的张力在这项活动中大放光彩。真正掌握辩论的技巧并灵活有效地加以运用,有利于提高语言表达能力。历史上苏秦合纵说六国,不仅言辞精彩,文采飞扬,其思想也博大精深,意义深远。当时苏秦对赵肃侯侃侃而谈:"臣尝考地图。列国之地,过秦万里;诸侯之兵,过秦十倍。设使六国合一,并力西向,何难破秦?今为秦谋者,以秦恐吓诸侯,必须割地求和。夫无故而割地,是自破也。破人与破于人,二者孰愈?依臣愚见,莫如约列国君臣会于洹水,交盟定誓,结为兄弟,联为唇齿,秦攻一国,则五国共救之;如有败盟背誓者,诸侯共伐之。秦虽强暴,岂敢以孤国与天下之众争胜负哉?"

## 第二节　辩论的类型与特点

### 一、辩论的类型

按目的来划分,辩论可分为应用辩论和赛场辩论两种。

#### (一)应用辩论

应用辩论是在真实的工作或生活场景中,人们为了实现某种目的就某一问题进行观点交锋和答辩的过程。这种辩论包括的范围非常广,如购物的讨价还价、学术讨论、商业谈判、外交谈判、法庭辩护等,都属于应用辩论。从这个意义上讲,辩论是无处不在的,它与我们的生活密切相关。

不同类型的专题辩论有不同的特点。外交辩论主要表现出它的政治性、原则性、灵活性、含蓄性和礼节性,如:诸葛亮"舌战群儒",丘吉尔和斯大林关于"铁幕问题"的论战等。法庭辩论则主要表现它的客观性、公正性和对抗性,如:苏格拉底的《在雅典五百公民法庭上的答辩》,德摩斯梯尼的《究竟是谁在欺骗国家》。科学辩论则表现出它的学术性、目的性和逻辑性,如:中国古代思想史上著名的哲学辩论会"鹅湖之会"、英国科学家赫胥黎为捍卫达尔文人类起源学说而于1860年写的《人类在自然界的位置》。

### (二)赛场辩论

赛场辩论是围绕一个事先拟定的辩题,按照一定的规则,由参赛双方分别扮演观点截然相反的正方、反方,当面交锋,展开争论,以决胜负的辩论。赛场辩论是为了提高人们的思维水平,培养人们全面看待问题的理念和应变能力的一种辩论,是辩论双方思维能力和语言能力的集中展现,具有极大的挑战性和极高的观赏价值,因而越来越受到人们的欢迎和喜爱。

辩论还可以根据其他标准进行分类,如根据观点的交锋存在于个体内部还是个体之间,可分为自辩和他辩;根据所用的媒介是纸质的还是话语的,可分为书面辩论和口头辩论等。

## 二、辩论的特点

辩论作为一种独特的口语表达形式,它有着与演讲、主持、社交口才等表达方式不同的特点。

### (一)观点的对立性

辩论各方的观点是截然对立的或至少是有鲜明分歧的,如法庭辩论中的罪与非罪、重罪与轻罪之争,学术辩论中真与伪之争,无不显示着这种鲜明的对立性。辩论中,辩论者既要千方百计地证明自己观点的正确性,又要理由充分地批驳对方的观点,并迫使对方放弃自己的观点,这就决定了各方立场的鲜明对立性。可以说没有对立就没有辩论。

《庄子·秋水篇》记载了庄子与惠施在濠水桥上的辩论。庄子俯视粼粼水波,说道:"你看,鱼儿在水里自由自在地游来游去,多么快乐!"惠施反问道:"你不是鱼,怎么知道鱼儿快乐呢?"庄子反唇相讥道:"你不是我,又怎么知道我不知道鱼儿快乐?"惠施笑道:"我不是你,当然不知道你怎么样。你不是鱼,也不可能知道鱼儿是否快乐。"庄周也笑道:"你一开始问我怎么知道鱼儿快乐,可见,你已肯定我知道,才问我怎么知道。我怎么知道?因为我在这里游玩快乐,所以才知道鱼儿快乐。"

德国诗人海涅是犹太人,常遭到无理攻击。在一次晚会上,一个旅行家对他说:"我发现了一个小岛,这个岛上竟然没有犹太人和驴子。"海涅白了他一眼,不动声色地说:"看来,只有你和我一起去那个岛上,才会弥补这个缺陷!"

### (二)论理的严密性

一位哲人曾说过这样一句话:"雄辩是熊熊烈火燃烧的逻辑。"辩论中强调逻辑严密。持不同观点的各方在唇枪舌战时,一方面要做到使自己的观点正确、鲜明,论据充分有力,阐述合乎逻辑,战术灵活适当,令己方坚如磐石,让对方无懈可击;另一方面又要运用逻辑武器,从对方的阐述中寻找纰漏,抓住破绽,打开辩驳的突破口。这些都决定了辩论较之于一般的阐述,具有更强的严密性。

### (三)表达的临场性

许多辩论的产生非常偶然,根本没有准备的时间。即使各方辩前可能各有准备,但任何准备都不可能完全预估到变幻莫测的辩场风云。不论何种辩论,辩论各方都同处于一个辩论现场,彼此面对面相处,你来我往,双方发言的间隔时间极其短暂,这就要求辩论者要有坚定的信念、敏锐的思维和高超的技巧,要具有一定的临场应变能力,才能取得辩论的胜利。

### (四)思维的机敏性

由于辩论在许多时候是打无准备之仗,在唇枪舌剑的战斗中,各方思维的紧张程度不亚于短兵相接,因此,辩论中既需要巩固自己的阵地,又要明察对方的策略,应对对方的"明枪暗箭",而这一切往往来不及深思熟虑,都得临场进行发挥,所以就需要更强的机敏性。因此要取得辩论的胜利,辩论者不仅要具有深厚的知识底蕴,还必须具有敏捷的思维能力、高度的判断能力和机智的语言运用能力。

## 第三节 辩论的要求

人们在社会交往中经常展开辩论,但并不是所有的辩论都能正确进行,并达到预期的目的。在日常辩论中,常常可以看到这样的现象:争辩变成了争吵,辩论沦为狡辩,雄辩实为诡辩,从而失去了辩论的意义,败坏了辩论的名誉。为了使辩论得以顺利而又正确地进行,辩论各方必须遵循辩论的基本要求,使之真正达到批驳谬误、探求真理的作用。

## 一、观点明确

辩论是持不同意见的双方激烈论战,这就要求辩论双方都要用准确的语句鲜明地表达自己的态度、看法和主张,不能含糊不清、模棱两可,要保持理与辞的高度统一,浑然一体,无懈可击。

例如,在1990年第三届亚洲大专辩论会上,有一个辩题为"儒家思想是(不是)亚洲'四小龙'经济快速增长的主要因素"。

南京大学队持反方立场。为了说明儒家思想不是主要推动因素,南京大学队把"主要因素"界定为必须是具有总揽全局功能这一点上,认为"主要因素有多个,儒家思想是其中之一"。这样,南京大学队总论点的方向便明朗了:儒家思想只是"四小龙"取得经济快速成长的背景条件,而并非一个主要推动因素。推动"四小龙"经济快速发展的主要因素是"四小龙"做得尤为突出的能总揽全局的正确而灵活的战略和政策。

这个界定为南京大学队赢得胜利奠定了基础。

## 二、有理有据

辩论是为了明是非,求真理,应当以知识和逻辑的力量说服别人,而不是以势压人、以声吓人。在争辩中,无论是阐述自己的观点,还是驳辩对方的观点,都必须做到理据充足,以事实和逻辑为前提:或阐述事理,或列举事实,或援引数据,或引证典籍法规,才有辩驳制胜的力量。否则,纵使疾言厉色,也缺少战斗力。"理"是争辩的目的和取胜的保证,"据"是支撑"理"的现实基础。

辩论视频1

例如,在1993年国际大专辩论会大决赛上,台湾大学和复旦大学就"人性本善还是人性本恶"展开辩论。

其中,复旦队在驳"人性本善"时,二辩说:"……第二,人性本恶是日常生活一再向我们显示的道理。从李尔王的不孝女儿们到《联合早报》上拳击妻子脸部的丈夫们,从倒卖血浆的联合国维和部队到杀人不眨眼的拉美毒枭,恶人恶事真可谓横贯古今,不胜枚举。对方辩友,难道你还要对着《天龙八部》中恶贯满盈、无恶不作、凶神恶煞、穷凶极恶的这四大恶人谈什么人性本善吗?……"

辩论中说理要力求辩证,避免片面;用例要力求典型,避免孤证;引证要忠实完整,避免断章取义。只有如此,辩论才能强而有力。

## 三、有礼有节

辩论不是吵架,辩论者要有良好的修养和风度,要注意语言行为的文明礼貌。辩论各方应互相尊重人格,礼貌谦逊,不恶意挖苦讽刺对方,不粗暴进行人身攻击,不揭露隐私;不故意歪曲他人原意,篡改对方论点;不在对方申述自己观点和理据过程中抢话反驳。要注意克制过激情绪,保持胸襟开阔、彬彬有礼、理宜气和,要以良好的个人风度、气质和学识征服对方,赢得尊重。

比如,在一次辩题是"现代化等于(不等于)西方化"的自由辩论中,反方指责正方关于"现代化等于西方化"的观点是像哈巴狗一样跟在西方人后面亦步亦趋。正方在反驳中说出了"天下的男人都是好色的"这样的句子,虽然孔子在《论语》中也有过"吾未见好德如好色者也"这样的说法,但无论如何,在辩论中出现"哈巴狗""好色"这样的词,而且明显是指向对方的,这是在人格上不尊重对方的表现。

再如,在1999年国际大专辩论会上,西安交通大学对新南威尔士大学的那场"足球比赛引进电脑裁判利大于弊(弊大于利)"的辩论赛中,新南威尔士大学辩手有几次不太礼貌的发问,责问对手收了电脑公司的多少好处费,幸好西安交通大学的辩手表现出了很高的个人修养,不瘟不火,其自由人甚至说出:"苍天在上……"的话,博得评委、观众的好评。

辩论视频2

# 第四节　辩论训练

## 一、辩论技巧

辩论的胜负不仅取决于辩论者所持的论题和阐述的道理,还取决于辩论者所掌握和运用的辩论方法和技巧。"操千曲而后晓声,观千剑而后识器",辩论者只有熟悉和掌握辩论方法和技巧,才能在辩论实战中灵活地加以运用。这里,介绍一些运用广泛、操作性强的技巧。

### (一)反证归谬法

该方法是将对方的话归之于某个站不住脚的原理,然后从这个原理推导出明显荒谬的结论,从而达到否定对方论题的方法。

汉武帝晚年想长寿,常与大臣谈论长寿的话题。一天,他对侍臣说:"相书上讲,一个人的人中越长,寿越高,人中若长一寸,必能活过百岁,不知是真是假?你们看看我的人中长不长?"话刚落,站在一旁的东方朔大笑不止。武帝问:"为何笑朕?"东方朔答:"不敢笑话皇上,我是笑彭祖。""为何笑彭祖?""据说彭祖活了八百岁,若按相书所说,彭祖人中该有八寸长,依此比例可以想象,他的脸难道不该有丈余?"

东方朔运用了反证归谬法来反驳汉武帝所说的谬论。他从"人中若长一寸,必能活过百岁"的观点中,推出"活八百岁的彭祖人中该有八寸长,脸有丈余长"这一非常荒谬的判断,从而推翻了汉武帝所说的相书上的观点。

### (二)两难法

两难法是一种使对手骑虎难下、进退不得的方法,它将对手限定在他自己认可的几种可能性中,无论肯定或否定哪一种可能性,都会陷入困厄之境。

古希腊有一位专门教人论辩术的智者普罗泰戈拉。青年尤阿斯留斯欲学辩术,求学于普罗泰戈拉,但交不起学费。经协商言明,学费在该生学成后接手的第一场官司所得胜诉费中支付,可尤阿斯留斯学成后迟迟不执业出庭,催之也无动于衷,老师将学生告上法庭。法庭上,普罗泰戈拉对法官说:"请法官不必犹豫,径直宣布被告败诉,付钱即可。因为他若打输了,他自应付学费给我。他若打赢了,依我俩原有的合同规定,他也须付学费给我。不管他是输是赢,反正他都得付给我学费。"尤阿斯留斯待老师说完,回驳道:"我的老师说错了,实际情况是:我若赢了,依法庭判决我是不该付学费的;我若输了,依我俩合同规定,也不必付学费。不论我是赢还是输,反正都不必付学费。"

显然,矛盾双方的陈词都是有道理的,但是否付学费并非以判决的性质(胜或负)为依据,而是以判决的内容为依据。

## （三）类比法

类比法是一种用某些有类似之处的事物来比拟欲说明的论题的手法，这种方法常使用浅显的事例来把问题表达得明白透彻。

辩论视频3

例如2001年国际大专辩论赛的总决赛，武汉大学和马来亚大学就"金钱是/不是万恶之源"展开了辩论。

反方（马来亚大学）："……今天如果你走在路上，你看到一只狗，你踢它一脚，你看到一只猫，你踩它一下，到底这是因为你有暴力倾向，还是因为那只猫和那只狗欠你钱呢？"

反方通过生活中"踢狗一脚、踩猫一下"这种细小场景形象类比，表明很多时候人们做坏事根本与"钱"无关。所以，选择与自己的观点类似的例子进行形象类比，能使己方的立场更深入人心，从而有力地回击对方的进攻。

## （四）针锋相对法

当论敌言辞锋利时，我方的言辞更锋利；论敌有气势，我方更有气势，这就是人们常说的针尖对麦芒。所谓"针锋相对法"，就是指对对方的观点予以直接、尖锐的回击，此法重点在于突出"尖锐性"，但这种"尖锐"并不是大喊大叫、拍桌瞪眼，而是注重辩论的逻辑性。

英国诗人乔治·莫瑞是一位木匠的儿子，很受当时英国上层社会的尊重。他从不隐讳自己的出身，这在当时的英国社会是少见的。一天，一个纨绔子弟与他在一处沙龙相遇，嫉妒异常，欲中伤诗人，便高声问道："对不起，请问阁下的父亲是不是木匠？"诗人回答："是的。"纨绔子弟又说："那你父亲为什么没把你培养成木匠？"诗人微笑着回答说："对不起，那阁下的父亲想必是绅士？"纨绔子弟傲气十足地回答："是的！"诗人又说："那你父亲怎么没有把你培养成一位绅士呢？"诗人的话与对方针锋相对，反驳干脆有力，使对方无言以对，十分尴尬。

## （五）避实就虚法

有时论敌的诘问不宜正面回答，这时不妨从侧迂回包抄，抓住对方薄弱处进行攻击，避实就虚，从旁说起，进而驳倒论敌。

王光英赴香港创办光大实业公司，刚下飞机，就被一位女记者追问："你带了多少钱来?"王光英说吧,这可是事关经济秘密的大事;不说吧,又难以圆场。于是他采用了避实就虚法,笑对女记者说:"对女士不能问岁数,对男士不能问钱数。小姐,你说对吗?"记者们一听就笑了,再也不好问这个问题了。

但这种方法是当正面进攻处于劣势时或正面回答难以奏效时才用,如果一味地避实就虚,就会给人以不敢正视问题的不佳印象。

### (六)诱敌深入

辩论中以退为进,先肯定对方,令对手松懈,再出其不意地予以攻击,这个方法通常能发挥出人意料、乱其阵脚、分散其攻击力的功效。

苏联外长莫洛托夫是一个出身于贵族家庭的外交家,在一次联大会议上,英国工党一位外交官向他发难说:"你是贵族出身,我家祖辈是矿工,我们俩究竟谁能代表工人阶级呢?"莫洛托夫冷静地答道:"你说得不错,然而我们两个都背叛了我们自己的阶级!"

### (七)喻证法

喻证法就是运用形象比喻,以某一事物的属性来证明另一对象也具有某种相似的特征与属性,进行说理的方法,它是运用得最多的辩论方法。

《说苑》中记载有关惠施与魏王的故事。有人到魏王面前进谗言:"惠施说话爱用喻证,假使不让他用,他就什么事都说不清楚。"第二天,魏王看见惠施说:"请你以后说话直截了当,不要用什么喻证。"惠施说:"现在有个人不知道'弹'是怎样一种东西,如果他问你:'弹'的形状是怎样的?而你告诉他:'弹'的形状就像'弹'。他能听得明白吗?"魏王摇摇头:"听不明白。""对呀。"惠施说,"如果说你告诉他:'弹'的形状像把弓,它的弦用竹子做成,是一种弹射工具,他听得明白吗?"魏王点点头:"可以明白。""所以,喻证的作用就是用别人已经知道的事物来启发他,使他易于了解还不知道的事物。现在,你叫我不用喻证,那怎能行呢?"魏王想了想说:"你说得很对。"

### (八)错位曲解法

错位曲解法指辩者故意以断章取义的手段让语义错位从而达到主观意愿的技巧。

一人极好静,而所居介于铜匠、铁匠之间,朝夕噪音聒耳,苦之,常曰:"此两家,若有迁居之日,我愿做东款谢。"一日,二匠忽并至曰:"我等且迁矣,足下素许做东,特来叩领。"问其期日,曰:"只在明日。"其人大喜,设酒肴奉饯,盛款二匠,酒后问曰:"汝二家迁于何处?"二匠同声对曰:"我迁在他屋里,他迁在我屋里。"

### (九)反诘法

反诘法指辩论中运用反诘疑问来论或驳。辩论中的发问绝不是为了解决无知的问题,而是为了驳倒、难住对方而提问,或为设圈套而发问。律师在法庭辩论中有一条金科玉律,叫作"不要问你自己本来不知道答案的问题",可见必是有目的地设问。

某寺有甲乙两僧,甲心胸狭窄,总想为难乙,于是从乙徒儿入手向方丈诬告说:"今天大雄宝殿念经礼拜时,乙僧的小徒儿跪在最后一排做鬼脸,亵渎佛祖。"方丈听后大怒,准备第二天早晨做佛事时当众惩处。小徒儿听此消息,急得哭哭啼啼去向乙僧求教。乙僧低声对小徒儿说了八个字,小徒儿破涕为笑。翌日,方丈在佛事完毕后叫出小徒儿,责问此事。小徒儿问:"我在后排做鬼脸,何人所见?"方丈答甲僧看见。小徒儿问:"请问师伯当时站在哪里?"甲僧:"大家都知道,我站在前排。"小徒儿问:"你不回顾,怎见鬼脸?"甲僧顿时羞愧得脸上一阵红,一阵青,无地自容。

### (十)幽默风趣法

辩论中在反驳对方时,有时不采用锋芒毕露、相互抨击的激烈言辞而采用风趣含蓄、诙谐轻松的语言,反而效果更好,更有说服力,更形象直观地论证自己的观点。对手或听众在生动、风趣的气氛中受到某一观点的潜移默化。恰当地使用幽默手法,既可活跃气氛,也可化解尴尬难题,同时可以展现自己的气度、风采和智慧,是辩论中常采用的手法之一。

1993年新加坡国际大专辩论赛半决赛,复旦大学队持反方观点,论证"艾滋病是社会问题,不是医学问题"时,三辩说道:"如果哪个人被艾滋病'爱'上的话,恐怕会'此恨绵绵无绝期'吧!"在批评对方把艾滋病局限于医学领域,必然会延误治疗,从而给全社会带来灾难性后果时,复旦三辩又机智地引用柳宗元的诗"千山鸟飞绝,万径人踪灭。孤舟蓑笠翁,独钓寒江雪",生动地刻画出对方在理论上孤立无援的窘态,赢得了场上观众长时间的热烈掌声。

## 二、模拟练习

**（一）根据下列辩论实例，理清各种技法具体运用的思路，然后进行模拟练习**

1.明朝有个曹知府，自称是三国时曹操的代代，以此为荣。一日，当地请来一个有名的戏班子，演《捉放曹》，曹知府也前往观看。扮演曹操者，演技出色，把曹操的奸诈阴险表演得惟妙惟肖，淋漓尽致地表现了曹操的奸雄本色。曹知府觉得自己的祖先受到了侮辱，当场不便发作，回府后立即派人带扮演者赵生治罪。赵生一进府，曹知府便拍案大怒："大胆刁民，给本府跪下！"赵生从公差处得知其中原委，立即瞪眼答道："大胆府官，既知曹丞相前来，怎么不降阶相迎？"曹知府气得脸色铁青："你，你，你是何人？谁认得你是曹丞相？你是唱戏的假扮的！"赵生闻后冷笑一声接道："哼！大人既知我是演戏假扮者，那又为何以假当真，为何要抓我进府治罪呢？"曹知府听了张口结舌，无话可说，只得送走赵生。

2.在俄国著名作家屠格涅夫的长篇小说《罗亭》里，主人公罗亭与皮卡索夫有一段辩论：

罗亭：妙极了！那么，照您这么说，就没有什么信念之类的东西了？

皮卡索夫：没有，根本不存在。

罗亭：您就是这样确信的吗？

皮卡索夫：对。

罗亭：那么，您怎么能说没有信念这种东西呢？您自己首先就有了一个。

3.一个地主要长工去买酒，长工接过酒壶说："酒钱呢？"地主说："用钱打酒算什么本事？"长工没再说什么，拿着酒壶就走了。过了一会儿，长工端着酒壶回来了。地主暗自高兴，接过来就往酒杯里斟酒，可倒了半天也没倒出半滴酒，原来酒壶还是空的。地主冲长工喊道："壶里怎么没有酒？"这时，长工不慌不忙地回答道："壶里有酒能倒出酒来算什么本事？"

4.丹麦著名童话作家安徒生一生俭朴，常常戴顶破旧的帽子在街上溜达，有个家伙嘲笑他道："你脑袋上边的那玩意儿是个什么东西，能算顶帽子吗？"安徒生回敬道："你帽子底下那个玩意儿是个什么东西，能算个脑袋吗？"

5.美苏关于限制战略武器的四个协定在莫斯科刚签署，基辛格就在一家旅馆里向随行的美国记者介绍这方面的情况。基辛格微笑着说："苏联生产导弹的速度每年大约二百五十枚。先生们,如果在这里把我当间谍抓起来,我们知道该怪谁啊!"记者们开始接过话题,探问美国的秘密,一位记者问:"我们美国的情况呢?我们有多少潜艇导弹在配置分导式多弹头?有多少'民兵'导弹在配置分导式多弹头?"基辛格耸耸肩:"我不确切知道正在配置分导式多弹头的'民兵'导弹有多少。至于潜艇,我的苦处是,数目我是知道的,但我不知道是不是保密的。"记者立即说:"不是保密的。"基辛格反问道:"不是保密的吗?那你说是多少呢?"全场哄堂大笑。

6.20世纪30年代中期,香港有一起诉讼案子:英国商人威尔斯向中方茂隆皮箱行订购三千只皮箱,到取货时,威尔斯却说,皮箱内层有木材,不能算是皮箱,因此向法院起诉,要求赔偿百分之十五的损失。在威尔斯执理强言、法官偏袒威尔斯的情况下,律师罗文锦出庭为被告辩护。罗文锦站在律师席上,取出一只金怀表问法官:"法官先生,这是什么表?"法官说:"这是伦敦名牌金表。可是,这与本案没有关系。"罗律师坚持说与本案有关,他继续问:"这是金表,事实没有人怀疑。但是,请问,内部机件都是金制的吗?"法官已经感觉到中了"埋伏"。律师又说:"既然没有人否定金表的内部机件可以不是金做的,那么茂隆行的皮箱案,显然是原告无理取闹,存心敲诈而已。"

7.晏子是春秋时期齐国人,一次齐景公派晏子出使楚国。楚王听说晏子来使,一心想侮辱晏子一番,以此显示楚国的威风。他欺负晏子身体矮小,竟令人在城门旁边挖了一个洞,叫晏子进城。晏子明白楚王的用意,说:"这是狗洞,不是人走的,人走城门,狗才走狗洞。我难道到了'狗国'吗?"楚王自讨没趣,只好打开城门。到了王宫,楚王又想侮辱晏子,故意装着吃惊的样子,问道:"你们齐国大概是没有人了吧,怎么派你这样的人来当使臣?"晏子笑嘻嘻地答道:"这是什么话,大王,你说错了,我们齐国人多得连走路都碰脚跟,人们举起袖子,就能连成一片云,甩把汗,就能下一阵雨,大王怎么说没有人呢?不过,我们齐国人派人出使的规矩很讲究:有才干的人派去见有才干的国王,无能的人就派去见无能的国王,我算是齐国最无能的人,所以被派来见您了。"楚王张口结舌,无言以答。但楚王仍不死心,又生一计。一会儿,只见几个武士绑着一个罪犯,来到楚王面前。楚王故意大声问道:"这个犯人是哪国人?犯了什么罪?"武士回答:"他是齐国人,犯了抢劫罪。"楚王得意地对晏子说:"你们齐国人不做好事,却去当强盗!"晏子说:"大王,您总知道,橘生淮南则为橘,又甜又大;假使把它移栽到淮北,就变成枳了,又酸又小,这是什么原因?是水土不同的缘故啊!齐国人在齐国的时候,都是勤恳老实的,怎么到了楚国,就变成强盗呢?这大概也是楚国的水土使百姓善于抢劫吧?"

8.一次智力竞赛抢答,主持人问:"'三纲五常'的'三纲'指的是什么?"一名女学生答道:"臣为君纲、子为父纲、妻为夫纲。"引起哄笑,女学生灵机补充道:"我说的是新'三纲'。"主持人问道:"怎样解释?"女学生答道:"现在,我国人民当家做主,是主人。而领导者,不管官多大,都是人民公仆,岂不是臣为君纲吗?当前,国家实行计划生育,一对夫妻只生一个孩子,这孩子成了父母的小皇帝,岂不是子为父纲吗?许多家庭中,妻子的权力远远超过丈夫,'妻管严''模范丈夫'到处流行,岂不是妻为夫纲吗?"话音未落,观众们都为这位女同学随机应变的能力报以掌声。

9.苏联诗人马雅可夫斯基曾与反对苏维埃政府的人进行辩论。反对者问:"马雅可夫斯基,你和混蛋差多少?"马雅可夫斯基怒而不露,不慌不忙地走到反对者跟前说:"我和混蛋只有一步之差!"在场的人听了都哈哈大笑起来,而那些反对者只好灰溜溜地跑了。

10.古时候一位姓邢的进士身材矮小,在鄱阳湖遇到强盗。强盗已经抢了他的财,还打算杀了他。强盗举起刀时,邢进士以风趣的口吻对强盗说:"人们已经叫我邢矮子了,若是砍掉我的头,那不是更矮了吗?"强盗不觉失笑,放下了刀。面对凶恶的强盗,在寡不敌众的形势下,如与之锋芒毕露地强行争辩,只能加速自己的灭亡,而邢进士巧用一句幽默话,却逢凶化吉。

### (二)试用恰当的辩论技巧反驳下列观点

1.一人想当法官,其朋友劝说道:"你当什么法官,这是个危险的职业。你想想,当上法官后,你或主持正义或不主持正义。若主持正义,则坏人恨你;若不主持正义,好人恨你。事实上,无论你主持正义还是不主持正义,总有一些人恨你,让你终日不得安宁,甚至不得善终。"

2.一位妻子催促其文化程度较高但有些懒散的丈夫要设法鼓励孩子多读书,不料其丈夫说:"若孩子喜欢读书,则不需要鼓励;若孩子不喜欢读书,则鼓励也枉然。或喜欢或不喜欢读书,总而言之,鼓励是没有用处的。"

3.公元前12世纪前后,斯巴达国王门涅雷阿斯的妻子——海伦被特洛伊王子巴里斯拐走,诱发了长达十年的特洛伊战争。公元前5世纪,古希腊人高尔吉亚论及这一问题时,看法与众不同,极力为海伦辩护。他说:"你们把海伦与巴里斯的私奔视为不贞是错误的。不论从什么角度讲,海伦都是无罪的。因为,一个人若有非凡之举,往往是迫不得已而为之。我认为,海伦的非凡之举只有四种可能的情况:一为命运或诸神的旨意所致;二为暴力所劫;三为语言所惑;四为爱情所扇。若是命运神意,那是不可抗拒的,只有听任摆布;若为暴力所劫,应当憎恨暴力者,海伦是无辜的;若为语言所惑,因语言直接作用于人的意志,尽管它不同于暴力,实则是软暴力,和暴力相同,这也怪不得海伦;若为爱情所扇,爱情的力量是难以抗拒的,正如无法摆脱命运的支配一样,爱情使人盲目,令人承受折磨,私奔是对爱情折磨的摆脱,我们与其责备为爱情承受折磨的人,不如同情他们为不幸者。"

4.一天,教师看见学生折了校园里的花,说:"你为什么要折花?"学生说:"因为我爱花。"教师说:"古人说,爱花人不折花,可见你不是真正爱花。"学生说:"老师,周敦颐在《爱莲说》中说'晋陶渊明独爱菊',看来陶渊明是爱菊的吧?""当然。""可是,陶渊明有'采菊东篱下,悠然见南山'的诗句。他折了菊花,能说他不爱菊吗?"

> **思考与练习**
>
> 1.什么是辩论?辩论的意义是什么?
> 2.辩论有哪些类型?
> 3.辩论有哪些要求?
> 4.辩论与争吵有什么区别?请举例说明。
> 5.在一场以"在校大学生应不应该谈恋爱"为题的辩论中,反方正处于上风。这时,正方小李突然看见反方小王的女朋友正在现场观战,于是马上反问:"对方大谈特谈在校大学生不该谈恋爱,请问反方王××,你不是正在热恋中吗?如果真的不该在校谈恋爱,那你岂不是'只许州官放火,不许百姓点灯'?"请问,小李的反驳好吗?为什么?
> 6.阅读鲁迅杂文《中国人失掉自信力了吗》,分析该文,回答:
> (1)文章是如何驳斥"中国人失掉自信力了"的?
> (2)文章是如何论证"从古至今都有不失自信力的中国人在"的?
> 7.观看国际大专辩论赛的一场辩论录像,教师边看边评,看完之后组织学生讨论。
> 8.组织一场辩论赛,可在下列辩题中任选其一。
> (1)大学生勤工俭学利大于弊\弊大于利。

(2)机遇是\不是成功的决定性条件。

(3)成功的影视作品应该\不应该拍续集。

## 拓展延伸

[1]赵传栋.论辩原理[M].上海:复旦大学出版社,1997.

[2]李元授,李鹏.辩论学[M].2版.武汉:华中科技大学出版社,2004.

[3]林铭钧,曾祥云.名辩学新探[M].广州:中山大学出版社,2000.

[4]单国华.论辩双刃:大决赛辩词详评与思想的拓展[M].上海:复旦大学出版社,2001.

[5]宫辉.辩论阶梯——实用智辩致胜入门[M].北京:西苑出版社,2002.

# 第五章　教学口语表达训练

**【章目要览】**

教学口语是教师在课堂教学中使用的符合教学工作需要的、适应教学对象、遵循语言规律、具有审美价值并带有个人特色的工作语言。教学口语可以激发学生的想象力，提高教学的效率和质量，给学生以美的享受。教学口语分为导入语、讲授语、提问语、过渡语、结束语五种类型，具有科学性、教育性、规范性、针对性、启发性、艺术性等特点；教学口语要求语言规范、生动形象、简洁明了。

**【相关知识】**

语言表达、教育学、教学法等相关知识。

**【重点提示】**

教学口语表达要求；教学口语表达训练。

## 第一节　教学口语表达概述

### 一、教学口语的性质

教学口语是教师在课堂教学中使用的符合教学工作需要的、适应教学对象、遵循语言规律、具有审美价值并带有个人特色的工作语言。

### 二、教学口语的作用

教学口语是教师授课和教育学生最主要的手段。教师可以通过有魅力的语言讲解知识，让学生提高学习兴趣和积极性，从而提升学习效果。因此，教师教学口语的质量直接影响着课堂教学质量和效果。具体而言，教学口语有以下几个作用：

### (一)激发学生的想象力

成功的教学语言,可以通过点拨、幽默风趣的语言、故布迷津等灵活的方式,有效地引导学生展开思维,激发学生的思维力和想象力。

特级教师于永正在讲三年级童话课文《小稻秧脱险记》时,文中杂草被喷雾器大夫喷洒化学除草剂之后有气无力时说:"完了,我们都喘不过来气了。"一位学生读到这句话时,声音特别大,既有"力"又有"气"。于老师开玩笑地说道:"要么你的抗药性特别强,要么这化学除草剂是假冒伪劣产品。我再给你喷洒一点儿。"说完还朝他做了个喷洒的动作。全班同学都哈哈大笑起来,这位同学再读这句话时耷拉着脑袋,真是有气无力了。于老师马上表扬道:"现在你读懂了!"于是,笑声又起。

当学生对文章感悟不够时,于老师并没有训斥或者责备他,而是以幽默的语言机智地进行了化解,并给了学生第二次机会,最后又给予了恰当的表扬,使学生提高了学习的积极性。

### (二)提高教学的效率和质量

教师的教学口语应准确规范、表达清晰,同时兼顾启发性、科学性、可接受性。教学口语不仅可以节约课堂教学时间,还可以提高教学质量。

特级教师钱梦龙在教《多收了三五斗》时对学生进行了连续提问:"有人认为:要反映旧社会农民的悲惨生活,写'少'收了三五斗都不是更好吗?或者更进一步写一个大灾年,颗粒无收,农民卖儿卖女,逃荒要饭,不是更能反映出农民生活的悲惨吗?你同意这个观点吗?"

通过教师的一连串提问,学生进一步理解到旧社会农民的悲惨生活,能够从细节入手,挖掘更深刻的主题思想。教师作为学习上的引导者,要让学生从点拨性的话语中更深入地领悟文章含义和思想感情。

### (三)给学生以美的享受

优美的教师语言可以给人以美的感受,丰富人的情感,拓展人的精神世界,塑造人的创新求异能力。教师不仅要将知识给学生讲清楚,还要用生动有趣、富有魅力的语言吸引学生,用饱满且真挚的感情陶冶学生。

特级教师王崧舟在讲《我的战友邱少云》时,对学生说:"同学们,这是一座为纪念伟大的抗美援朝战争而修建的纪念碑。这座纪念碑是为千千万万个为祖国和朝鲜人民,为世界和平而壮烈牺牲的烈士修建的,在这些烈士当中,就有这样一位年轻又伟大的战士。"(停顿)而后更为深情说道,"同学们,让我们一起,深情地呼喊他的名字——邱少云。"整个课堂都被王老师的情绪感染着,下课时更是爆发了阵阵掌声。

　　王老师循循善诱,用饱含感情的语言,让课堂充满了感动,不仅让学生和老师达到了心与心的交流,而且体现了人文关怀。

## 第二节　教学口语的类型与特点

### 一、教学口语的类型

　　按照课堂教学环节划分,教学口语可分为导入语、讲授语、过渡语、提问语、结束语。

#### (一)导入语

　　导入语又叫开讲语,指教师上课开始时根据教学内容设计的能够激发学生学习兴趣的一段话。其作用是:

　　(1)安定学生情绪,吸引学生注意力。好的导入语就像开启学生思考的钥匙,能够让学生的注意力迅速地集中到学习上来,帮助学生进入思考的海洋。

　　(2)诱发学生思考,激发学习兴趣。兴趣是获得知识的第一步,是直接推动学生进行学习的内部动机。

　　(3)帮助学生明确学习目标。导入语是围绕教学内容,根据学生学习特点设计的,通过暗示、设疑或开门见山等方式,帮助学生把握教学目标,提高学习的主动性。

　　(4)沟通师生之间的情感。教师用生动的语言为整堂课奠定基调,沟通师生情感,达到心意相融的目的,有助于学生开展思维活动。

#### (二)讲授语

　　讲授语,又名阐释语,是指教师以教材为依托,向学生讲授知识和技能的语言。讲授语是教学口语中使用频率最高的语言,是解说语、描述语、评述语等的综合运用。其作用是:

(1)传授知识。教师运用深浅适度的讲授语,使学生系统而完整地理解教材内容并掌握。

(2)启发思维。生动形象的讲授语,将抽象枯燥的教学内容讲得动听,能够吸引学生注意,启发学生的思维。

(3)传道育人。在系统地阐释教材内容和知识的过程中,讲授知识所包含的思想意义,达到知识讲解和思想教育相结合的效果。

### (三)过渡语

过渡语,又名课堂衔接语,是指教师在教学环节中使用的具有承上启下作用的语言。其作用是:

(1)巧妙的过渡语可以起到自然衔接、逻辑深化的作用。

(2)对学生进入下一个知识点的学习起到提示和引导的作用。

(3)过渡语将整个教学内容进行了串联,增加了课堂教学的层次感和系统感。

### (四)提问语

提问语是教师根据教材内容和学生的问题提出的询问,贯穿课堂教学始终。其作用是:

(1)激发学生学习兴趣。教师通过提问,可以让学生展开思考,从而激发学习动机,提高学习主动性。

(2)反馈知识掌握程度。教师根据学生的回答从中得到反馈,可以调整自己的教学环节设计,起到教学相长的作用。

### (五)结束语

结束语是指课堂教学结束时教师所说的总结性语言。其作用是:

(1)巩固课堂内容。教师用结束语对课堂内容进行总结归纳,让学生再次巩固复习这堂课所学的教学重点和教学难点,可以加深学生对知识的理解。

(2)升华教学主题。教师用饱含感染力并富有创造力的结束语,给学生留下无限思索的空间,引导学生对教学内容进行深入探讨和思考。

## 二、教学口语的特点

### (一)科学性

学校设置的各门课程,无论是自然科学还是人文科学,都是科学知识,包含许多专业词汇。学科的科学性,也决定了教学口语的专业性。因此教师在传道、授业、解惑的过程中,其教学口语要做到:恰当地使用概念,正确地进行判断,严密地进行推理,用精确的语言表达知识内涵。

在一堂物理课上,一个学生提问:"老师,晒粮食的时候为什么要将粮食放在朝阳的一面,而且还要摊开晒呢?"老师只是回答说:"向阳的地方热,摊开晒,比较薄,容易干。"

该老师的教学口语虽然看似回答了学生的问题,但其实并没有体现出物理这一学科的科学性,因为他没有将列出的现象转化成物理语言。专业的回答应该将"热"改成"温度高","薄"改成"增加了阳光的接触面积","容易干"改成"加速蒸发"等物理专业用语。

### (二)教育性

教书育人是教师的本职工作,应该体现在教学各个环节之中。教师不仅应该用自己的语言向学生准确讲授科学知识和思想内容,还应该针对每个学生的个性特征,用语言点亮学生的思想,丰富学生的内心世界,使学生的身心得到全面发展。如一位语文老师在讲《黄河颂》时,这样讲:

黄河,是我们的母亲河,是我们中华民族的光荣和骄傲。但1931年,日本侵略者野蛮地入侵我国。在民族存亡的关头,全国人民同仇敌忾,积极抗战。在这种情形下,人民音乐家冼星海谱写了以保卫黄河为主题的《黄河大合唱》,《黄河颂》便是其中的一首,赞美了我们祖国的伟大和坚强,鼓舞了全国人民抗日的决心和信心。直到今天,歌词中的每一句都仍旧会使我们心情激荡,热血沸腾。

这段热情洋溢的开场语,通过介绍《黄河颂》这部作品的时代背景和现实意义,激发了学生的爱国热情和学习兴趣,在课堂教学中对学生进行了思想教育,体现了教学口语的教育性。

### (三)规范性

教师口语作为一种专门的工作语言,受教书育人这一特定交际目的、学生这一

特定教学对象、课堂这一特定教学环境制约,应该具有明确的规范要求。如一位历史老师在讲开辟新航路时是这样讲的:

13世纪,开辟新航路已经具备了一些条件。罗盘针已在12世纪就由阿拉伯人传到了西欧,罗盘针的出现为航海提供了可能性。古希腊托勒密所写的《地理学》在1410年被翻译成拉丁文,地心说被越来越多的人所接受,人们认为向西航行就可以到达东方。地理知识的扩大,造船术、航海术的进步,为探索新航路创造了必要的前提条件。

这位老师运用规范的历史术语,比如:新航路、地心说等,对学生起到了很好的示范作用。

### (四)启发性

启发性,是指教师的教学口语要能够刺激学生的思维,激发学生的创造力和想象力,以利于对问题的思考理解,并激发其潜在的对知识的渴望。因此,一位优秀的教师在课堂教学过程中,不能一味地采用灌输式的教学方式,应该多用提示性、提问性的语言,刺激他们的求知欲,打开思路,让学生在思考中学习,在学习中思考。如斯霞老师在《狐狸与乌鸦》一课中引导学生理解"奉承话":

师:什么是奉承话?

生:是说别人的好话。

师:是这样的吗?那老师表扬一位同学有些方面做得好,是在说奉承话吗?

生:老师表扬同学不是奉承话。

师:说别人好的地方有两种:一种是人家是真的好,是真心实意的表扬,这就不是奉承话;一种是故意夸大别人的好,夸得天花乱坠,不好的地方也夸好,这就是奉承话。大家都知道乌鸦的羽毛黑漆漆的,没有公鸡的羽毛漂亮,更比不上凤凰的多彩,可狐狸硬要夸乌鸦的羽毛比它们都好看,说这些花言巧语是为了讨好对方,心里有坏主意,所以这种不切实际的话就是奉承话。

这位老师利用带有启发性的问题,一步步让同学们理解什么是"奉承话",使学生全面理解了奉承话的正确内涵。

### (五)针对性

教师的教学口语必须具有针对性,表现为教学语言和教学对象的一致性、吻合性。在教学中,教师语言总是受学科、教材内容、学生的年龄特征、学生的情绪等因素影响,因此,教师要根据不同教学对象来调整语言表述内容和方式,有的放矢,因材施教。如一位小学音乐老师在教同学们《火车开啦》这首歌曲时,是这样设计的:

小朋友们,今天这节课老师需要一个小朋友当火车司机,五个小朋友当乘客。我们一起来玩"看谁火车开得好"的游戏,好不好呀?(边说边比画)小朋友们准备好了吗？开车啦!(伴着《火车开啦》的音乐,游戏开始。)

这位老师根据教学对象年龄偏小的特点,在设计教学时不仅采用了偏儿童化的语言,还伴着肢体语言,能更好地激发小朋友们学习的热情。

### (六)艺术性

艺术性,是指老师不仅要将教学内容讲清楚、讲明白,还要用生动、形象的语言,把深奥的知识形象化,把抽象的内容具体化,用富有个人魅力的语言吸引学生,集中学生的注意力;用恰当的表情、丰富的肢体语言,感染学生;用饱满而真挚的情感,让学生得到情感的陶冶。如一位英语老师在讲学英语的重要性时是这样开头的:

一个外国游客到商店买钢笔,对售货员说"Pen",售货员立马拿出了一个盆来,这位游客边摇头边说"No,No",售货员不解地说:"这是个新盆,怎么会漏呢?"同学们无不捧腹大笑,老师趁机说:"一个人除了自己的母语外,能掌握其他语言,是非常重要的。"

老师用这种幽默的方式,既让学生掌握了两个简单的单词,又告诉了学生学习英语的重要性。

## 第三节　教学口语表达的要求

### 一、语言规范

语言规范体现在两个方面,一个是语音、词汇、语法规范,另一个是教学语言的准确科学。具体要求如下:

第一,语音、词汇、语法规范。使用普通话进行教学是《中华人民共和国教师法》的规定,教师的教学口语必须要用普通话来表述。如果教师方音语调严重,表述不清,语音不准,就会直接影响表达效果,因此教师必须注意发音的清晰,充分利用语音的各种表现手段(如语音的重音、停连、语气语调等)更好地表情达意。教师口语所用词汇及造句要合乎语法,表意要准确连贯,给学生做好示范。

第二,教学语言的准确科学。历史课上,饶红萍老师在讲《马关条约》时说:同学们,《马关条约》到底如何苛刻,国人为何如此伤心,我们一起来看一下。①中国割让辽东半岛、台湾、澎湖列岛给日本。辽东半岛因为俄、德、法三国干涉,没有割让,由清政府花3000万两"赎辽费"赎回,这并不是那三个国家"路见不平,拔刀相助",而是列强之间也存在矛盾和冲突。②开放沙市、重庆、苏州、杭州为通商口岸。大家可以看一下地图,这些地区都是较为富庶的地方,和两次鸦片战争开放的口岸做比较,会发现列强侵略势力已经由沿海深入到内地。③中国赔偿日本军费2亿两。清政府当时年财政收入约8000万两,加上3000万两的"赎辽费",不得不大举借外债,列强通过贷款进一步控制了中国的经济命脉。④允许日本人在中国通商口岸开设工厂。片面最惠国待遇合法化后,列强纷纷通过开设工厂的方式来掠夺中国的廉价劳动力和原料,阻碍了民族产业的发展。

这段讲解,饶老师从四个方面

讲了《马关条约》严重破坏了中国的领土主权和经济命脉,数据准确,使同学们加深了对《马关条约》的理解,经久难忘。这就是教学口语准确科学的威力。

## 二、生动形象

生动形象的教学口语有以下几点具体要求:第一,要做到语言优美,具有幽默感;第二,做到词语丰富、句式多变,适当运用比喻、拟人、夸张等修辞手法。

一位语文老师在讲修改文章时说了这样一段话:

同学们,我们经常写文章,可大家知道什么是"文章"吗?旧版《辞海》上说:"绘图之事,青与赤谓之文,赤与白谓之章。"人的脸上有青有赤,又有白,可见每个人的脸就是一篇文章。(班上发出一片笑声)古今中外,许多女同胞都是非常讲究修改"文章"的。你们看,她们化妆时会用各式护肤品和底妆产品在脸上反复"揣摩"涂抹,再用腮红和各色口红精心"润色",还会用眉笔仔细修改"眉题",甚至连标点符号也毫不含糊,非要用"手术刀"将"单括号"(单眼皮)修改成为"双括号"(双眼皮)

不可。(一片掌声和笑声)大家看看,这是何等严肃和认真的态度哇!我们每个人都有自己的文章,要让自己的文章出类拔萃,不在"修"字上下一番功夫行吗?

修改文章本身是一个比较抽象的知识,这位老师不是灌输式地说明修改文章的重要性,而是先引经据典讲了什么是"文章",又自然巧妙地与女性化妆联系起来,类比新颖,语言幽默有趣,同时又耐人寻味,使学生深受启发。

## 三、简洁明了

课堂的时间有限,教师使用简洁明了的教学口语,能够更好地提高学生的学习效率。教学口语要做到简洁明了,可以从以下两个方面入手:

第一,围绕中心,抓住重点。教师的每一句话都要围绕既定中心,不要横生枝节。不过仅仅围绕中心是不够的,还应该抓住重点内容,善于寻找教材中的重要概念和知识点。叶圣陶先生在《精读指导举隅》一文中指出,讲课时,老师要给学生一个简明的提要,学生凭这个提要,再去回味冗长的讲话,就好像有了一条索子,把散开的线都串起来了。

第二,善用概括,巧用指代。教师在课堂教学中将必要的叙述和概括结合起来,表达才能更加简明。在表达中,运用复指的成分,使语言不显啰唆。

如一位语文老师在讲《东郭先生和狼》时这样讲:

师:如果东郭先生不是遇到了老农,他的处境会怎么样呢?

生:东郭先生会被狼吃掉。

师:如果东郭先生再次遇到狼,他会怎么办?结果会怎样?

生:他将想办法对付狼,比如用文中的办法先引诱狼上钩,然后再同猎人一起收拾狼,狼就无计可施了。

师:救狼差点被狼吃,斗狼却获得胜利,这给我们什么样的启示?

生:这启示我们做好事要分清是非,对待像狼这样的坏蛋,只能想办法铲除掉,不能有丝毫的同情心,否则它就会反过来害你。

该教师为了强调《东郭先生和狼》这个故事的寓意,分别用三个问题对学生进行提问,提问过程中教师的语言都很简洁,紧紧围绕寓意这一中心内容展开,学生凭借对层层问题的回答,将整个内容串联在了一起。

# 第四节　教学口语表达训练

## 一、导入语训练

### (一)单项技能训练

导入语的设计有以下几种形式:

**1. 开门见山式导入语**

教师可以直接抓住教材的题目,开宗明义,也可以根据所讲内容的中心思想、含义等方面导入新课。

【示例】一位教师在教莫泊桑的小说《项链》时是这样开始的:什么叫项链?"项"是颈项,就是脖子。项链,就是套在脖子上面挂在胸前的装饰品,多用金银、珍宝或珠玉制成,价格昂贵。今天我们就来学习莫泊桑一篇以"项链"为题的小说。这篇小说以项链为线索,写了主人公路瓦栽夫人为参加一次舞会而借项链、丢项链、赔项链的故事。那么,这个女人为什么要借项链呢?这串项链是怎样改变她的命运呢?她是否值得同情呢?我们读完小说就知道了。

这样的导入语既帮助学生了解了有关项链的知识,同时又牵出了小说的情节线索,提出思考性的问题,吸引学生尽快地进入课文学习。

**2. 故事性导入语**

故事性导入语是指教师以生动有趣的故事作为导入语的方式。

【示例】一位物理老师在讲"浮力"这一内容时,是这样导入的:同学们,上课之前老师先给大家讲个故事。古希腊希洛王取得王位后,决定在一座教堂里向永垂不朽的神献上金制的皇冠。于是,他称给工匠所需要的金子,并付给酬金。可希洛王却担心工匠欺骗他,等皇冠制作好后,想测试一下皇冠是否是纯金打造的。

于是希洛王召见阿基米德,交给了他一项重大任务:鉴别工匠制造的皇冠是否为纯金制成。

阿基米德反复思考却不得其解。有一天,阿基米德在泡入盛满水的澡盆中洗澡时,发现水从澡盆中溢了出来,而自己的身体却在水中轻了许多,他突然受到启发:盆里溢出来的水的体积,不就是自己的身体浸入水里的那一部分体积吗?用这个方法不就可以鉴别皇冠的真伪了吗?阿基米德由此揭开了皇冠之谜,断定皇冠是掺了假的。因为金子比重大,在重量相同的情况下体积比较小,掺进了别的金属后,比重减轻,体积增大,排出的水就多了。

教师利用生动有趣的故事作为导入,能将学生的注意力集中起来。可以想象,等到故事讲完,同学们肯定都迫不及待地想进入新内容的学习了。

### 3.悬念式导入语

悬念式导入语是指教师根据教学内容的需要,运用疑问或反问等方法来导入新课。

【示例】一位老师在讲《垓下之围》这篇课文时,先问了这样一个问题:"同学们,上课之前老师有一个谜语让大家猜一猜:垓下之围,打三国时期一个人名。"接着老师又说,"大家心中有答案了吗?如果没有头绪,可以翻到今天我们要学习的课文《垓下之围》,阅读完这篇课文之后,谜底自然就解开了。"学生们一听是猜谜语,兴致勃勃地开始阅读起来。

教师通过一个谜语,为后续的教学埋下了伏笔,扩展了学生们的思维空间,也提高了他们的学习积极性。

### 4.引用式导入语

引用式导入语是指教师通过引用名言警句、诗词、对联、成语故事等来导入新课。

【示例】一位数学老师在讲数列时,引用了著名生物学家巴甫洛夫的一句话:"不学会观察,你们永远做不了科学家。"老师继续说:"你们能通过观察,发现我所写的数列的规律吗?括号内应该写下怎样的数字?"随后老师在黑板上写下了一串数字:1,2,3,5,8,13,21,( ),55,89。

教师所引用的名言一定要和教学内容相关联,能够引导学生进行新课的学习,使学生受到教育和启迪。

### 5.情感式导入语

情感式导入语是指教师运用优美的辞藻、丰富的修辞手法作为导入新课的方式。

【示例】一位老师在教《泉水》时,讲了这样一段话:春姑娘穿着五彩斑斓的衣裳来了,小溪的冰慢慢地融化了。太阳暖暖地照着大地,大地妈妈揉揉蒙眬的睡眼,醒来了。山上的泉水也不甘寂寞,弹起了动听的歌曲,小朋友们竖起耳朵认真听,叮咚叮咚(轻快的音乐响起)。

老师用优美生动的语言,把学生的思绪带入生机勃勃的大自然,给人以美的享受。

6.复习式导入语

复习式导入语是指教师通过引导学生用旧的知识去探索新的知识,达到"温故而知新"的学习效果。

【示例】思政课上讲财政的作用,老师引导学生先复习"财政支出"的知识,然后再在此基础上引出:我国财政的作用主要是通过财政支出来实现的。

教师把学生已经掌握的知识和即将学习的新知识联系在一起,既达到了复习巩固的目的,又能够有效地将他们引入新的内容,还很好地体现了知识的整体性和系统性。

## (二)导入语综合训练

1.当你走进教室,看见同学们正在追逐一只飞来飞去的小鸟。面对此种情景,你将运用哪种导入语,把同学们的注意力集中到课堂中来?

2.下面是课文《孔乙己》的两种导入语,尝试分析其不同特点。

(1)一位老师在黑板上写了两个词语填空题:(　)其不(　),(　)其不(　)。学生一个个搜肠刮肚,寻求答案。正在他们苦思冥想、思想高度集中之际,老师点出"哀其不幸,怒其不争"的答案,然后就势引入新课:"今天,我们学《孔乙己》。课文为我们塑造了一个受封建社会制度及科举制度毒害的读书人形象。阅读时大家用心体会鲁迅先生笔下、心底的这种感情。"

(2)于漪老师讲《孔乙己》时先讲了这么一段话:"据鲁迅先生的朋友说,鲁迅先生在他所写的小说中的人物中,最喜欢的是孔乙己。鲁迅先生为什么最喜欢孔乙己呢?他是以怎样的文笔来塑造这个苦人儿的形象?你们认真读课文后,就能得到答案。有人说,古希腊的悲剧是命运的悲剧,莎士比亚的悲剧是主人公性格的悲剧,易卜生的悲剧是社会问题的悲剧。那么,鲁迅写孔乙己悲惨的一生,是命运的悲剧,性格的悲剧,还是社会问题的悲剧呢?我们学完课文以后,可以得到正确的答案。"

## 二、讲授语训练

### (一)单项技能训练

#### 1.画龙点睛式

教师要善于寻找教材中的重要概念、关键语段,精心点拨,使学生的思维就像"点睛"之龙一样自由腾飞。

【示例】一位语文老师在讲宋祁《木兰花》中"红杏枝头春意闹"时,引用了王国维在《人间词话》中"着一'闹'字而境界全出"的评价,用拟人的修辞手法将盎然的春意全部点染出来,是全词的点睛之笔,如果换成其他字未必会使这句话成为千古名句。这使学生了解"一字贴切,全篇生色"的道理。

#### 2.归纳式

教育家叶圣陶先生曾说过,教师讲话的内容如果过多,时间如果过长,可以给学生一个简明的提要。这种简明扼要的归纳,有利于学生"消化吸收"这些知识。教师在授课时可以先归纳后讲或先讲后归纳,也可以边讲边归纳。

【示例】李春红老师对朱自清《春》的教学:同学们,只要你读了《春》,我想你脑海中一定有这样的五幅图画:春草图、春花图、春风图、春雨图、迎春图。这五幅画面一同描绘了富有生命力、富有美感、饱含情感的春天。除了这五幅画面,你还读出了什么?想一想,第一段就写道:"盼望着,盼望着,春天的脚步近了。"接着第二段写万物复苏,如果刚才五幅画面概括为"绘春"的话,能够修改一个字来概括一至二段的内容吗?

这位老师从整体、本质的角度出发,高度概括了《春》中描绘的景象,有助于引导学生更深刻地思考文章内容和思想感情。

#### 3.比较式

比较式是指把两种或两种以上的概念、词语、事物等放在一起比较,分辨其异同点或者判断高下的方法。

【示例】窦桂梅老师讲贾岛的《题李凝幽居》时,在黑板上写下了两句不同的诗句,分别是"鸟宿池边树,僧敲月下门"和"鸟宿池边树,僧推月下门"让同学们基于全诗内容来比较两句诗的不同,看是用"敲"还是"推"好。

这位老师将两个含义相近的字放在一起做比较,讲述两个字营造的不同意境,可以使同学加深对诗句的理解。

**4.形象式**

教师借助形象化的语言,将抽象的事物、概念等转化为具体的方法。

【示例】一位物理老师讲"惯性"这一概念时,将"惯性"比作"惰性",一切物体都有一种"惰性",这种"惰性"的表现就是不愿意改变原来的运动状态。只要不受外界力的作用,就能够很明显地表现出它的"惰性";如果受到力的作用,会迫使它改变原来的运动状态,只不过没有明显地表现出它的"惰性",但它的"惰性"并不会发生根本的改变。"惯性"和"惰性"一样,和是否受力是没有关系的。

由于"惯性"是一个较为抽象、复杂的概念,老师将抽象的"惯性"转化成"惰性",有助于同学们更好地理解这一概念。

**5.演绎式**

演绎式讲授语利用三段论推理,从原理、定理出发,分三步推导出最后结论,体现课堂的层次感和逻辑感。

【示例】一位数学老师在讲三角形面积公式推导时:

师:我们通过上次课知道长方形的面积是长×宽,现在如果按照对角线将它分成两个三角形,(拿出长方形纸板,并用剪刀剪开)这两个三角形的面积有什么关系呢?

生:(不知道该怎么回答)

师:把这两个三角形叠在一起……

生:一样大。

师:那一个三角形的面积应该怎么计算?请同学们认真想一想。

生:三角形面积等于长方形面积的一半。

师:三角形面积等于长方形面积÷2,也就是长×宽÷2。长方形的长和宽是三角形的底和高,因此三角形的面积是……(等待学生回答)

生:三角形面积等于底×高÷2。

老师用严密的逻辑推理方式,引导学生通过长方形面积和两个三角形面积之间的关系,分析得出三角形面积的计算方式。整个过程一气呵成且逻辑性强。

**(二)讲授语综合训练**

1.观看中小学智慧教育平台上优秀教师讲课视频,讨论该教师使用了哪些讲授语类型,并总结其讲课的特点。

2.请为下文设计讲授语。(不得少于500字)

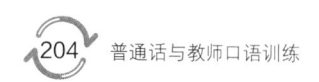

乡愁
席慕蓉

故乡的歌是一支清远的笛,总在有月亮的晚上响起。

故乡的面貌却是一种模糊的怅惘,仿佛雾里的挥手别离。

离别后,乡愁是一棵没有年轮的树,永不老去。

3.在讲杨绛先生回忆性散文《老王》时,一位语文老师说道:"可见这个破烂不堪的地方在老王心中根本就不算是家,那么家是什么呢?"

按照课文内容,对该语文老师的讲授语进行续写,要体现这篇文章"愧怍"的内核。

## 三、提问语训练

### (一)单项技能训练

提问的形式多种多样,常见的有直问、曲问、揭疑式提问、创造式提问、比较式提问、选择式提问等。

#### 1.**直问**

直问,就是教师直接针对某一教学要点提出问题。

【示例】某语文老师在讲《赤壁赋》中"客有吹洞箫者,倚歌而和之,其声呜呜然,如怨如慕,如泣如诉;余音袅袅,不绝如缕。舞幽壑之潜蛟,泣孤舟之嫠妇"的时候,直接提了几个问题让学生思考:作者从哪些角度描写箫声?用了什么修辞手法?

这些问题看似简单,若教师提到关键处,也可以起到启发思维的效果。

#### 2.**曲问**

曲问,也称迂回问或者转弯式提问,教师往往不直接对疑难点提问,而是从其他角度进行提问。

【示例】钱梦龙老师讲到《愚公移山》中"邻人京城氏之孀妻有遗男"的"孀"和"遗"时,问学生"邻家的小男孩去帮助愚公移山,他爸爸肯让他去吗?"学生们这才意识到这个孩子的母亲是寡妇,他没有父亲。

这类提问往往会从"为什么说""哪种方法对"等角度出发,容易吸引学生注意,发散他们的思维。

### 3.揭疑式提问

揭疑式提问旨在引导学生"生疑"。

【示例】某老师在讲《孔乙己》时,提到鲁迅最后说"我到现在终于没有见——大约孔乙己的确死了"。老师立即提问道:"大约和的确这两个词语是矛盾的,那么孔乙己到底死了吗?为什么?"

老师提的问题,使学生从全文入手思考这句话其中的深刻含义,从而理解作者看似寻常却耐人寻味的写作功底。

### 4.创造式提问

【示例】在讲《孔雀东南飞》中焦仲卿和刘兰芝一个投水而死、一个上吊而亡的悲惨结局时,让学生思考:他俩除了这种结局,还可以有其他结局吗?

这种提问是根据教学内容的内在因素设计的,有一定的思考空间,让学生对课文中的故事、情节进行再创作,激发他们的想象力。

### 5.比较式提问

教师运用对比、类比、反比等方法来进行提问。

【示例】某老师在教《社戏》时,根据文中迅哥儿前后两次吃豆的不同感受,提出了"他两次吃的都是同样的,六一公公家的豆子,为什么会觉得今天的不如昨天的好吃呢?作者这样写有什么好处吗?"的问题。

这样的提问让学生在充满矛盾的叙述中,发现作者的真实意图,在比较中提高认识事物和分析事物的能力。

### 6.选择式提问

选择式提问是指同时提出几个相近或相关的问题,让学生做出选择和判断。

【示例】历史课上,老师讲春秋时代的民族共同语称为"雅言",并说明"雅"的几种含义,包括"极好的、合乎规范的、乌鸦",接着老师提问:"雅言"中的"雅"应该解释成什么意思?

老师先给出了"雅"的几种古今释义,让学生在这些含义中选择最恰当的一个,不仅可以加深学生对"雅"的理解,而且增强了学生学习的主动性。

### (二)提问语综合训练

1.观摩一段教学视频,讨论下列问题:

(1)这段教学视频,教师运用了哪种提问语?

（2）问题的难易度是否符合学生的认知能力和知识水平？并说明原因。

（3）如果让你为这个教学内容设计提问语，你该如何设计？

2.认真记录某任课老师的提问语，先在小组评议，然后到讲台上发表看法。

3.以"金钱是万恶之源"为课题，设计一组提问语，要求提问的方式必须在三种以上，然后模拟真实课堂环境进行提问和回答。

## 四、过渡语训练

### （一）单项技能训练

#### 1.承接式

承接式，也称顺流式，指上一个环节自然地为下一个环节做了预备和铺垫。

【示例】《桂林山水》教学中，教师说："大家都知道'桂林山水甲天下'，桂林的水是那么静、那么清、那么绿，那么桂林的山是什么样的呢？接着我们去看看桂林的山吧。"

老师先讲桂林水的特点，自然而然地引出桂林山的讲述，显得自然畅达，不显突兀。

#### 2.提示式

指出上下环节之间关系的过渡语。

【示例】在《生命的四季》一课中，老师先带学生领略了大自然的四季变化，接着说："是呀，一年中每个季节都有它美妙独到的地方。春天的萌芽、夏天的生长、秋天的繁衍、冬天的凋零。这些都是大自然的规律，人也是大自然的一分子，一生中也会经历不同的人生阶段，你们知道是哪些阶段吗？"

通过这种提示式过渡语，学生能够更好地理解大自然和生命之间的联系，顺利衔接到生命教育的主题。

#### 3.悬念式

【示例】一位老师在《啄木鸟和大树》教学中，在示意学生用"年轻力壮、枯死、蛀得"这三个词语说出课文中的大树后，在黑板上贴图，分别贴出年轻力壮的大树和干枯的大树，继而抛出问题："这样一棵年轻力壮的大树，为什么最后成了一棵枯树呢？"随即板书一个大大的"？"。

课堂上用悬念式的过渡语，以此引起学生思维的激荡，学生的脑海中就有了悬念,心中打上了一个大大的问号,带着问号读书,所以学生的学习活动一直是在主动积极的状态中进行的。

#### 4.情境式

情境式过渡语,就是通过各种情境的创设,来实现课堂教学内容的切换。

【示例】一位老师在教学《那片绿绿的爬山虎》一课时,为了挖掘课文教学中的情感因素,使学生情有所动,学有所悟,在教学起始阶段对叶老和肖复兴进行介绍,引发学生学习的感情投入。在学习作者两次描写爬山虎时,他是这样过渡引导的:"也许大家不知道,爬山虎的主人叶老这年已经69岁了,虽然年迈,但他仍然热情真诚地教导着肖复兴。肖复兴感动极了,所以,黄昏时的爬山虎在作者眼里是这样的令人感动。"帮助学生感悟叶老身上的那种同爬山虎一样的生机。在深化主旨时,他再次创设情境过渡,大屏幕出示叶老头像,伴以乐曲《秋日的私语》,教师激情渲染:"是的,爬山虎向上的精神,叶老的人品和作品时时刻刻都在激励着肖复兴。他没有辜负叶老的期望,通过30年不懈努力,成为一位有名的作家……爬山虎总是那么绿,叶老活在了肖复兴的心中,也永远活在了我们大家的心中。"

情动于内而发于言,通过情境式过渡语的设计,让学生在感受人物形象的同时,也激励着他们学习主人公身上的那种精神和意志。

### (二)过渡语综合训练

1.给《沁园春·雪》上下阕转换处,设计两种以上的教学过渡语,先写后说。

2.仿照于漪老师《雨中望泰山》的教学,设计《长江三日》的过渡语。

3.在特级教师肖培东《猫》的教学中,教学内容衔接处使用了几种不同类型的过渡语?请记录下来,并给予评价。

## 五、结束语训练

### (一)单项技能训练

#### 1.总结式

总结式,又叫归纳式,是教师在对教材讲授完毕后,对其中的重要内容进行总结,来加深学生对教材的理解和记忆。

【示例】一位老师在讲完《草船借箭》后,设计了这样的小结语:

师提问:文章题目是"草船借箭",大家学习了这篇课文,知道为什么用"借"这个字吗?(在黑板上写下了几个文章关键词,引导学生按照板书来回答)

师归纳:诸葛亮凭借胆识才智在多疑的曹操那里寻得十万支箭,这个故事告诉我们要善于利用各种条件,包括对手的性格、气象等条件,来巧妙地达到自己的目的。

这位老师采用总结的方式,在全面分析课文的基础上,总结了全文的中心思想,加深了学生对课文重点内容的印象。

### 2.悬念式

【示例】一位化学老师在讲完《饱和溶液和不饱和溶液》时讲了这样几句话:同学们,大家听说过这样一句话吗?"冬天捞碱,夏天晒盐"。你们想知道其中蕴含着什么科学道理吗? 请听下回分解。

老师联系了上下两堂课的知识,提出了具有一定难度的问题,能够有效地强化学生的学习动机,激发起学生学习新知识的兴趣。

### 3.扩展式

为了开阔学生的视野,延伸教学内容,教师会根据自己的知识积累,说一番扩展式的小结语。

【示例】一位语文老师在讲完贾岛的《题李凝幽居》后,设计了这样的结束语:诗人对"僧敲月下门"这句,反复琢磨很久,之前是"僧推月下门"。可见,诗人在词语的锤炼上下了很大的功夫。历来有成就的文人墨客都在词语的锤炼上付出了辛劳的汗水。杜甫说:"为人性僻耽佳句,语不惊人死不休。"卢延让在《苦吟》中说:"吟安一个字,拈断数茎须。"这些勤奋严谨的精神确实值得我们学习。

这里,老师将几个内容相关的材料一并呈现给学生,有利于培养学生的学习兴趣和探索新知的精神。

### 4.升华式

升华式是指教师在讲完某一内容时,运用深刻、动情的语言来表达感悟,引起学生的共鸣,达到升华主题的目的。

【示例】一位老师在讲完《理想》后,说了这样一段话:"我们朗读、研讨、赏析了这首诗歌,掌握了诗歌的基本结构,理解了诗歌的主要内容,体会了诗歌的形象化语言,并深入地谈论了心得体会。理想犹如探照灯,指引着我们人生的道路,愿大家从小树立崇高的理想,并为实现理想而努力奋斗。我想一个有理想的人一定是一个精神充实的人,也一定是一个高尚的人。"

这位老师用饱满的情感、富有感染力的语言,达到了打动学生、增强其学习乐趣的效果。

### (二)结束语综合训练

(1)模仿训练:仿照下文的结束语,为《祝福》这篇文章设计类似的结束语,要达到升华主题的教学效果。

一位老师在讲完《孔乙己》一文后,结束语这样讲道:"今天的课虽然已讲完,孔乙己离我们远去了。他走了,不是用脚走的,而是用手走的。这个备受欺凌,尝尽了世间辛酸的读书人,最终连站立的权利都失去了,只能用一双手悲惨地、无比艰难地走了,走出了我们的视野,走下了生活的舞台。"

(2)观察一位老师的结束语方式,然后分组进行讨论:他使用的是什么类型的结束语?它是成功的还是失败的?并说明原因。

(3)话题训练:讲完《赤壁之战》后,请联系现代战争,设计一段结束语。

---

**思考与练习**

1.教学口语的类型有哪些?请举例说明。

2.教学口语有哪些要求?

3.教学口语的特点有哪些?

4.模仿训练。

一位老师在讲《天上的街市》时,先给大家引入了"牛郎织女"的民间故事:"牛郎是个孤儿,跟着哥嫂生活,可嫂子对他很不好,经常虐待他。分家时,牛郎只分得了一头老牛,其他的什么也没得到。织女是天上的仙女,一天和其他仙女下凡到一处湖泊洗澡,通灵性的老牛告诉牛郎,让他悄悄地将仙女们的衣裙取走。后来织女爱上了牛郎,和他在人间生活,并生下来一双儿女,生活得十分幸福。天上的王母娘娘得知了织女私自下凡后,大怒,将织女带回了天庭。老牛不忍二人分开,化作一只小船,让牛郎挑着儿女乘船去天上追回织女。可王母拔下头上簪子化成一道银河,牛郎无法过河,只能和织女相望哭泣。他们坚贞的爱情故事感动了喜鹊,于是无数喜鹊用身体搭建了一道桥,二人终于见面了。王母无奈,只能允许牛郎和织女每年在七夕节这一天相聚。"

　　这位老师采用的是故事性导入语,在使用这种导入语时要先锻炼讲故事的能力。精彩的故事情节,加上老师高超的叙事手法,多变的语调,丰富的肢体语言,学生听得如痴如醉,从而激发起学生学习的好奇心。请你用同样的方法设计出一段导入语。注意:所选用的故事要与课文相关。

　　5.辨析训练。

　　一位老师在讲《装在套子里的人》时,设计了以下提问语。请你判断:哪些提问语是符合教学目的的? 哪些是不合理的? 并说明原因。

　　(1)本小说的中心人物是谁?

　　(2)小说围绕别里科夫描写了哪些故事情节?

　　(3)结合背景材料,思考作者笔下的别里科夫有什么性格特点。

　　(4)别里科夫生活在一个什么样的时代?

## ⭐ 拓展延伸

[1]国家中小学智慧教育平台:https://basic.smartedu.cn/.

[2]张舸,等.教师口语基础训练教程[M].广州:广东高等教育出版社,2018.

[3]许讯.语言实践教程[M].3版.南京:南京师范大学出版社,2020.

[4]赵慧岩.职业口才[M].3版.北京:北京理工大学出版社,2019.

[5]路玉才,张海燕.教师口语训练教程[M].天津:南开大学出版社,2012.

# 参考文献

[1] 高廉平.口语表达教程[M].四川:四川人民出版社,2000.

[2] 高廉平.普通话测试辅导与训练[M].北京:北京大学出版社,2006.

[3] 路玉才.教师口语训练教程[M].2版.天津:南开大学出版社,2018.

[4] 林铭钧,曾祥云.名辩学新探[M].广州:中山大学出版社,2000.

[5] 单国华.论辩双刃[M].上海:复旦大学出版社,2001.

[6] 章晓琴.教师口语实用技能训练教程[M].2版.北京:北京师范大学出版社,2013.

[7] 葛德均.课堂提问的辩证艺术与逆反处理[J].中学语文,1999(5):25.

[8] 侯琳玮.建立在普通话音节结构基础上的发音方法——吐字归音[J].新闻传播,2022(08):33-34.

[9] 何世峡.讲授语的设计与训练[J].云南教育,2000(6):43-45.

[10] 韩志雯.语文课堂导入语的有效设计[J].语文世界:小学生之窗,2020(10):26.

[11] 王莹.播音主持专业教学法之播音发音教学训练[J].社科纵横(新理论版),2009(03):199-200.

[12] 杨颖慧,马瑜泽.中国播音学"吐字归音"的理论内涵及科学建构[J].记者摇篮,2020(06):37-38.

[13] 周福雄.朗诵情感领悟与唤起的四个维度[J].文学教育(上),2022(02):190-192.

[14] 朱俊河.试论播音发音的"音节组合"训练[J].语言文字应用,2005(S1):87-89.

# 后 记

普通话和教师口语是各高校汉语言文学、汉语国际教育、外语等师范专业的必修课。根据课程的需要和重庆人文科技学院文学与新闻传播学院推出的"应用型本科中文专业规划教材"系列教材的要求,我们组织长期从事普通话和口语教学的高校教师编写了这本教材。

本教材在编写过程中主要贯彻以下编写理念:理论简明,训练丰富。基础知识部分精练、简明,讲述深入浅出;训练部分材料丰富、类型多样,着眼于读者普通话和口语表达实际水平的提高。重视教材内容的条理性,行文通俗易懂,便于教学,利于掌握。

根据系列教材的整体要求,在每一章开头列有"章目要览""相关知识""重点提示"。每章末尾,增加"思考与练习"和"拓展延伸"。章节内容之中,适当增加了一些需要学生了解但又限于篇幅不适合写进教材的内容,故以二维码的形式呈现,将二维码与纸质教材相结合,使教学内容更具开放性、延伸性、直观性。其中,部分章节是在高廉平主编《普通话测试辅导与训练》和高廉平《口语表达教程》的基础上修订编写而成的。为了适应教学,教材中所选材料部分有所改编。

本教材由苗春华、孙琪、高廉平主编。高廉平、苗春华修订编写上编"普通话及训练"部分。孙琪修订编写下编第一章"发音技能训练"、第二章"朗诵技能训练";殷晓桐编写第三章"演讲技能训练";任玲编写第四章"辩论训练";伍兰编写第五章"教学口语表达训练"。

限于编者学力,不妥之处,请专家和读者批评指正。

编者<br>2023年1月